体育运动

跳绳 毽球
TIAOSHENG JIANQIU

主编 刘吉安 张楠
　　　左宁宁 康宁

走进**大自然**
走到阳光下
养成**体育锻炼**好习惯

吉林出版集团股份有限公司 全国百佳图书出版单位

图书在版编目(CIP)数据

跳绳 毽球 / 刘吉安, 张楠等主编. —长春：吉林出版集团股份有限公司, 2011.5（2024.1 重印）

ISBN 978-7-5463-5237-4

Ⅰ.①跳… Ⅱ.①刘… ②张… Ⅲ.①跳绳—青年读物②跳绳—少年读物③毽球运动—青年读物④毽球运动—少年读物 Ⅳ.①G898.1-49②G849.9-49

中国版本图书馆 CIP 数据核字(2011)第 081710 号

跳绳 毽球

主编	刘吉安　张楠　左宁宁　康宁
责任编辑	息望　林丽
出版发行	吉林出版集团股份有限公司
印刷	三河市同力彩印有限公司
版次	2011 年 7 月第 1 版　2024 年 1 月第 8 次印刷
开本	787mm×1092mm　1/16　印张 10　字数 100 千
地址	吉林省长春市福祉大路 5788 号　邮编 130000
电话	0431-81629968
电子邮箱	11915286@qq.com
书号	ISBN 978-7-5463-5237-4
定价	45.80 元

版权所有　翻印必究

如有印装质量问题，请寄本社退换

《体育运动》编委会

主　　任　宛祝平

编　　委　支二林　方志军　王宇峰　王晓磊　冯晓杰
　　　　　田云平　兴树森　刘云发　刘延军　孙建华
　　　　　曲跃年　吴海宽　张　强　张少伟　张铁民
　　　　　李　刚　李伟亮　李志坚　杨雨龙　杨柏林
　　　　　苏晓明　邹　宁　陈　刚　岳　言　郑风家
　　　　　宫本庄　赵权忠　赵利明　赵锦锦　潘永兴

《健身跳》 歌词

小小绳， 手中拿， 绳儿跳， 脚下踏。
一二三， 三二一， 节奏分明不能差。
跳双飞， 跳单飞， 跳出花样人人夸。
多跳绳， 长得快， 健康快乐顶呱呱。

目录 CONTENTS

跳绳

第一章 运动保护
第一节 生理卫生..........................2
第二节 运动前准备........................3
第三节 运动后放松........................8
第四节 恢复养护.........................10

第二章 跳绳概述
第一节 起源与发展.......................12
第二节 特点与价值.......................13

第三章 跳绳场地、器材和装备
第一节 场地.............................18
第二节 器材.............................19
第三节 装备.............................20

第四章 跳绳基本技术
第一节 握绳、量绳和摇绳.................24
第二节 基本跳法.........................28
第三节 跳短绳...........................29
第四节 跳长绳...........................71

1

目录 CONTENTS

第五章 跳绳比赛规则
第一节 程序.....................84
第二节 裁判.....................86

毽球

第六章 毽球概述
第一节 起源与发展................90
第二节 特点与价值................91

第七章 毽球场地、器材和装备
第一节 场地.....................94
第二节 器材.....................96
第三节 装备.....................98

第八章 毽球基本技术
第一节 准备姿势.................100
第二节 发球技术.................101
第三节 起球技术.................103
第四节 攻球技术.................107
第五节 踢球技术.................110
第六节 花样踢球技术.............112

目录 CONTENTS

第九章 毽球基础战术
  第一节 进攻战术..........................146
  第二节 防守战术..........................147
第十章 毽球比赛规则
  第一节 程序..............................150
  第二节 裁判..............................151

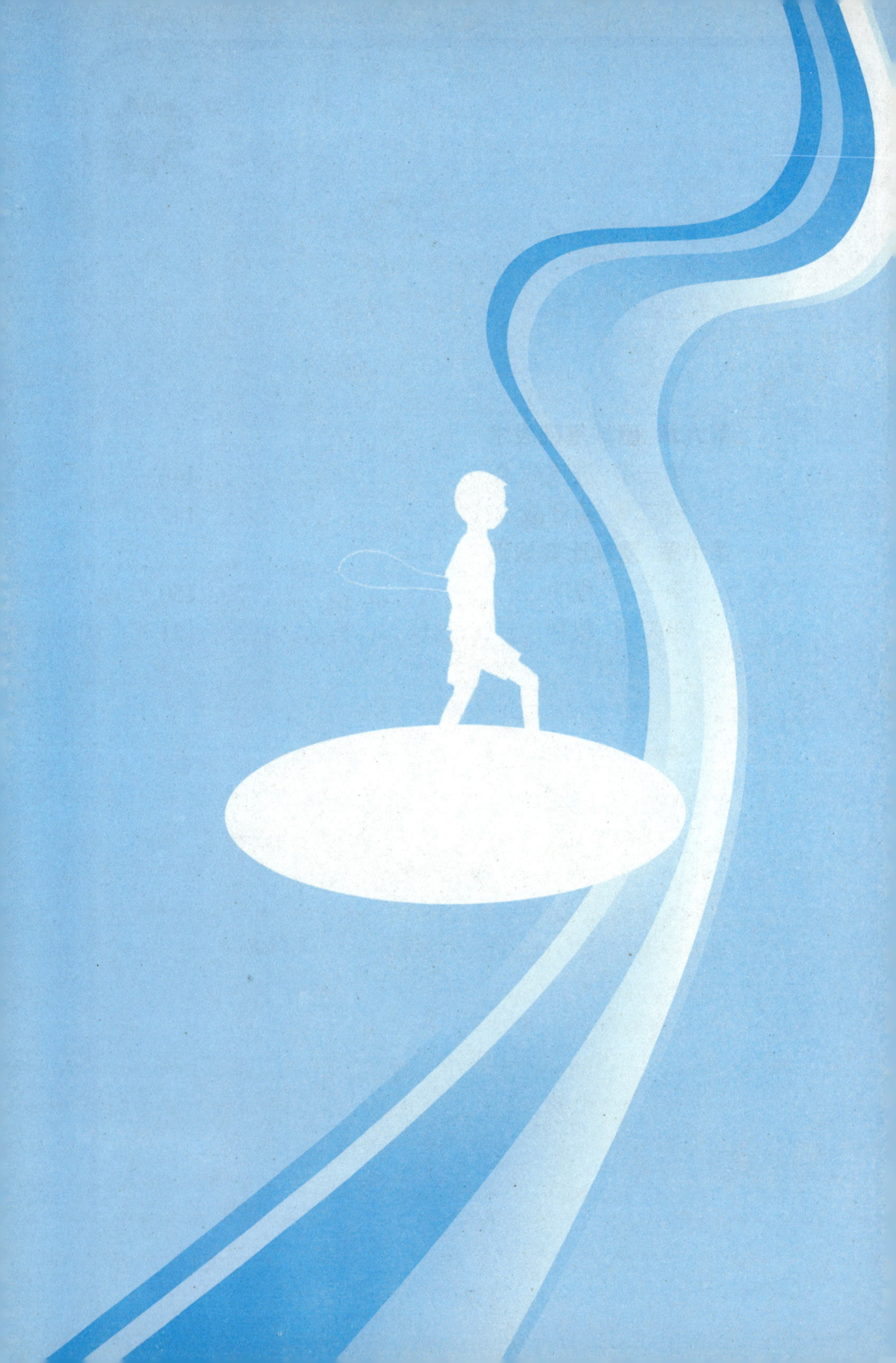

跳绳

第一章 运动保护

"生命在于运动",但是盲目、不科学的运动非但不能起到强身健体的作用,反而会给身体带来一定的伤害。只有掌握体育锻炼的一般性生理卫生知识,科学地进行体育锻炼,才能起到健身强体的作用。

第一节 生理卫生

青少年在进行体育运动时，除了应进行一般性的身体检查和必要的咨询外，还要注意培养运动兴趣和把握适当的运动强度。

一、培养运动兴趣

在进行体育运动前，必须培养自己对体育运动的兴趣。培养兴趣的方法有很多，如观看体育比赛，与同学、朋友进行体育比赛等。有了浓厚的兴趣，就能自觉地投入体育运动之中，从而达到理想的体育锻炼效果。

二、把握运动强度

因为青少年进行体育运动，主要是在享受体育运动的过程中增强体质，提高健康水平，而不仅是为了创造运动成绩，所以运动强度不宜过大。控制运动强度最简单的办法是测定运动时的脉搏。对青少年来说，运动时的脉搏控制在每分钟140次左右较为合适。

第二节 运动前准备

运动前进行充分的准备活动，对于青少年来说是非常重要的。一些青少年体育运动爱好者，常常不重视运动前的准备活动，导致各种运动损伤，影响运动效果，也容易失去对体育运动的兴趣，甚至造成对体育运动的畏惧。因此，青少年在进行体育运动前，必须做好充分的准备活动。

一、准备活动的作用

运动前做好充分的准备活动能够对肌肉、内脏器官有很大的保护作用，同时还可以提前调节运动时的心理状态。

(一) 提高肌肉温度，预防运动损伤

运动前进行一定强度的准备活动，不仅可以使肌肉内的代谢过程加强，温度增高，黏滞性下降，提高肌肉的收缩和舒张速度，增强肌力，同时还可以增加肌肉、韧带的弹性和伸展性，减少由于肌肉剧烈收缩而造成的运动损伤。

(二) 提高内脏器官的功能水平

内脏器官的功能特点之一就是生理惰性较大，即当活动开始、肌肉发挥最大功能水平时，内脏器官并不能立刻进入

最佳活动状态。而充分的准备活动可以帮助内脏器官得到"热身",从而起到较好的调节和保护作用。

(三)调节心理状态

青少年进行体育锻炼不仅是身体活动,同时也是心理活动。研究证明,心理活动在体育锻炼中起着非常重要的作用。体育锻炼前的准备活动,可以起到心理调节的作用,即接通各运动中枢间的神经联系,使大脑皮层处于最佳兴奋状态。

二、如何进行准备活动

一般来说,准备活动主要应考虑内容、时间和运动量等问题。

(一)内容

准备活动可分为一般准备活动和专项准备活动。一般准备活动主要是一些全身性的身体练习,如跑步、踢腿、弯腰等。一般准备活动的作用在于提高整体的代谢水平和大脑皮层的兴奋状态,减少运动损伤的发生。专项准备活动是指与所从事的体育锻炼内容相适应的动作练习。

下面介绍一套一般准备活动操,供青少年运动前使用。这套活动操主要包括头部运动、肩部运动、扩胸运动、体侧运动、体转运动、髋部运动和踢腿运动等。

1. 头部运动

头部运动的动作方法(见图1-2-1)是：

两手叉腰，两脚左右开立，做头部向前、向后、向左、向右，以及绕环运动。

2. 肩部运动

肩部运动的动作方法(见图1-2-2)是：

手扶肩部，屈臂向前、向后绕环，以及直臂绕环。

3. 扩胸运动

扩胸运动的动作方法(见图1-2-3)是：

屈臂向后振动及直臂向后振动。

4. 体侧运动

体侧运动的动作方法(见图1-2-4)是：

两脚左右开立，一手叉腰，另一臂上举，并随上体向对侧振动。

5. 体转运动

体转运动的动作方法(见图1-2-5)是：

两脚左右开立，两臂体前屈，身体向左、向右有节奏地扭转。

6. 髋部运动

髋部运动的动作方法(见图1-2-6)是：

两脚左右开立，两手叉腰，髋关节放松，做向左、向右360°旋转。

7. 踢腿运动

踢腿运动的动作方法(见图1-2-7)是：

两臂上举后振，同时一腿向后半步，然后两臂下摆后振，同时向前上方踢腿。

跳绳毽球

图 1-2-1

图 1-2-2

图 1-2-3

图 1-2-4

图 1-2-5

图 1-2-6

图 1-2-7

(二)时间和运动量

准备活动的时间和运动量随体育锻炼的内容和量而定，由于以健身为目的的体育运动量较小，因此准备活动的量也相对较小，时间也不宜过长，否则，还未进行体育锻炼身体就疲劳了。半小时的体育锻炼，准备活动时间一般以 10 分钟左右为宜。

第三节 运动后放松

进行剧烈的体育运动后，有些青少年习惯坐在地上，或是直接躺下来休息，认为这样可以快速消除疲劳。其实不然，这样做的结果不仅不能尽快地恢复身体功能，反而会对身体产生不良影响，正确的做法应该是运动后做一些整理活动，放松身体。

一、运动后整理活动的必要性

运动后的整理活动不但可以避免头晕等症状，还可以有效地消除疲劳。

(一)避免头晕

人体在停止运动后，如果停下来不动，或是坐下来休息，静脉血管失去了骨骼肌的节律性收缩，血液会由于受重力作用滞留在下肢静脉血管中，导致回心血量减少，心血输出量下降，造成暂时性脑缺血，出现头晕、眼前发黑等一系列症状，严重者甚至会出现休克。为了避免这些症状的发生，整理活动是非常必要的。

(二)消除疲劳

除了避免头晕等症状的发生，运动后的整理活动还可以改善血液循环状态，达到快速消除疲劳的目的。

二、放松方法

在运动后放松时，应注意以下几个问题：

(1)做一些放松跑、放松走等形式的下肢运动，促进下肢静脉血的回流，防止体育锻炼后心血输出量的过度下降；

(2)在下肢活动后进行上肢整理活动，右臂活动后做左臂的整

理活动，通过这种积极性休息，使身体功能得到尽快恢复；

（3）整理活动的量不要过大，否则整理活动又会引起新的疲劳；

（4）在进行整理活动时，应当保持心情舒畅、精神愉快。

第四节 恢复养护

人体在运动后，除采用休息和积极性体育手段加速身体功能的恢复外，还可以根据体育运动的特点，补充不同的营养物质，以尽快消除疲劳。

体育运动结束后，人体内会产生一种叫作乳酸的酸性物质，它的积累会造成肌体的疲劳，使恢复时间延长。所以，我们在体育运动后，应多补充一些碱性食物，如蔬菜、水果等，而动物性蛋白等肉类食品偏"酸"，在运动后的当天可适当减少摄入。

第二章 跳绳概述

跳绳是一项在环摆的绳索中做各种跳跃动作的体育运动,也是老少皆宜的全身有氧健身运动。

第一节 起源与发展

跳绳在我国有一千多年的历史，在长期的发展过程中广泛流传，已成为一项普及性很强的体育运动。

一、起源

据《帝景物略》等一些史料记载，隋唐时期将跳绳称为"透索"，明代称为"跳白索"，到清代逐渐盛行。当时将跳绳加入伴唱，娱乐性很强，深受青少年的喜爱，一直流传至今。

二、发展

近年来，跳绳运动在国内外迅速发展，在一些国家跳绳不仅是大众健身运动，而且成为运动会正式比赛项目。中国、美国、加拿大、德国、日本、韩国等很多国家均成立了跳绳联盟。20世纪90年代，国际跳绳联盟成立。

为了规范跳绳运动，国家体育总局社体中心组织相关专家于2007年10月审定了《中国跳绳竞赛规则》，使全国性比赛有了依据。2007年12月7日，广州举行了中国首届跳绳公开赛。

第二节 特点与价值

跳绳运动历经千年不衰，在民间广泛流传，必有其独特之处。

一、特点

跳绳运动的运动量可自由控制，并且有着深厚的群众基础。

(一)简便易练，节奏感强

跳绳运动不受人数、场地、时间、季节、年龄的限制，只要有一块小空地，一根绳子，一人、两人或多人都可玩起来，是一种十分简便的锻炼方法。跳出多种花样，需要手、脚协调配合，并富有较强的节奏感，因此玩起来颇具兴趣和吸引力，绝无枯燥无味之感。

(二)强度自由掌握

跳绳的运动强度可以自由掌握，所以不分男女老幼，都可用跳绳来锻炼身体。强度大的跳绳运动，可令人大汗淋漓，相当于跑百米；强度小的跳绳运动，可以用来做运动前后的准备、放松和整理活动。

(三)富于技术性和创造性

跳绳运动花样繁多，其高难度动作具有很强的技术性，并且在发展过程中不断推陈出新，即便是跳绳高手终其一生亦难以掌握所有技术，所以学习起来趣味无穷。

二、价值

在各种健身运动中，跳绳运动之所以受到一些健身运动专家的格外推崇，是因为它具有各项运动价值。

(一)保健身心

跳绳能增强人体心血管、呼吸和神经系统的功能。另外，跳绳是全身运动，人体各个器官和肌肉以及神经系统可同时受到锻炼和发展，长期跳绳可以预防肥胖、失眠、关节炎、神经痛等症状。

(二)益智健美

跳绳时的全身运动及手握绳对拇指穴位的刺激，会大大增强脑细胞的活力，提高思维和想象力，是健脑的最佳选择。另外，跳绳是最经济、最有效的减肥方式，学习科学跳绳减肚腩，不用节食，效果非常明显。

(三) 培养基础体力

所有运动的基础在于体力的培养，诸如拳击、马拉松、自行车、排球、棒球等运动都需要有基础体力运动，以跳绳培养基础体力最为适合。

(四) 锻炼意志

跳绳能训练人的弹跳、速度、平衡、耐力和爆发力，提高准确性、灵活性、协调性，并以此锻炼顽强的意志和奋发向上的精神。

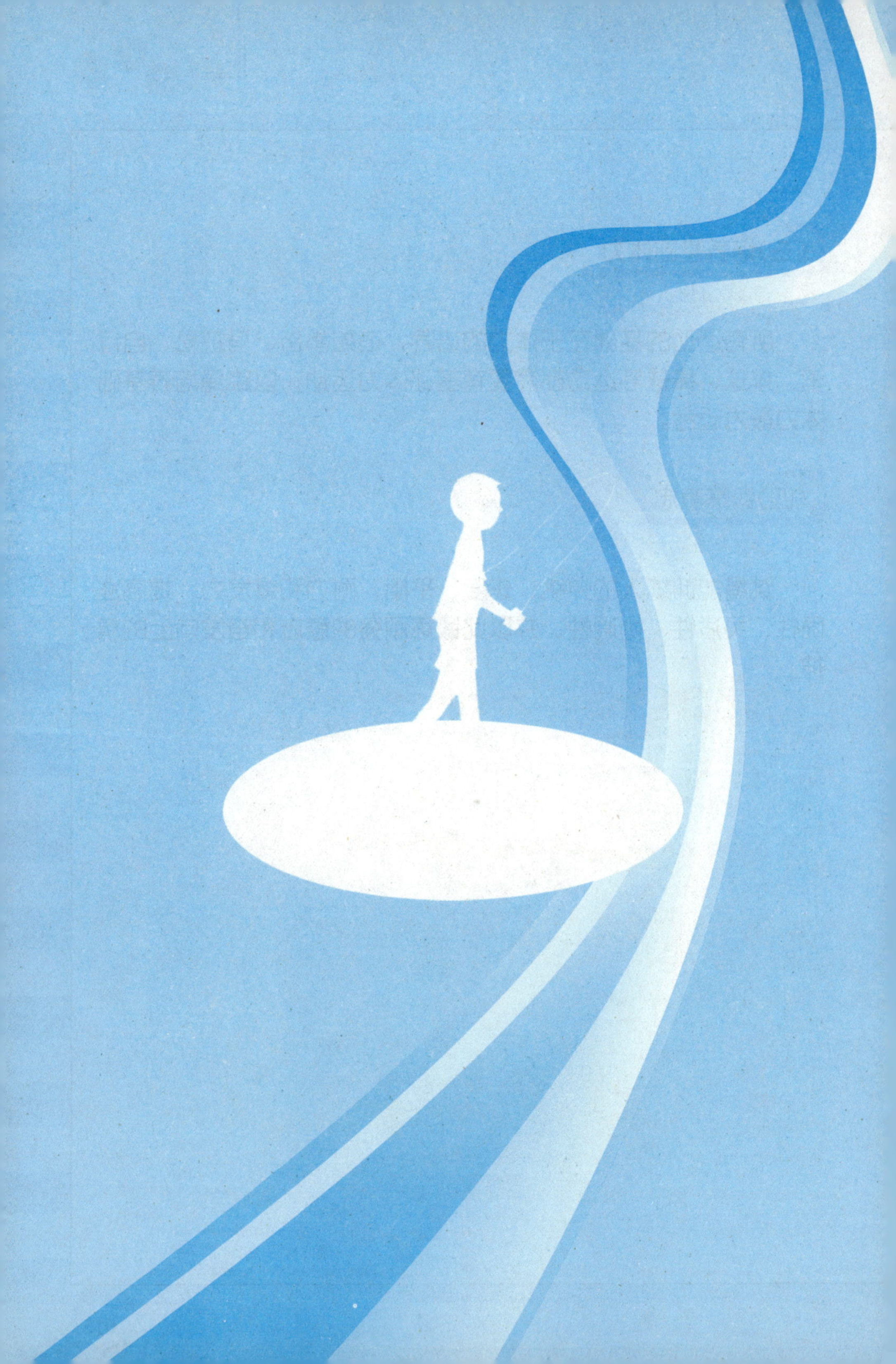

第三章 跳绳场地、器材和装备

跳绳运动形式多样，具有很强的观赏性和艺术性。好的场地、器材和装备是运动参与者达到良好健身效果及高水平发挥的必要保证。

第一节 场地

一般性跳绳运动可以在光滑、平整的空地上进行，但是为减少不必要的运动损伤，高水平的跳绳比赛则应该在正规的场地上进行。

一、规格

(一)个人赛场地

(1)计时计数赛场地为长4米，宽4米；
(2)花样赛场地为长9米，宽9米。

(二)团体赛场地

(1)计时计数赛场地为长5米，宽5米；
(2)花样赛、表演赛场地为长12米，宽12米。

二、要求

（1）场地四周至少有 3 米宽的无障碍区；

（2）比赛区上空，从地面起至少有高 4 米的无障碍空间；

（3）场地地面平整，无影响比赛的隐患；

（4）场地的界线宽 5 厘米（线宽不包括在场地内），应与场地有明显的颜色区别；

（5）裁判区为比赛场地周围 3 米区域，距观众席至少 2 米。

第二节 器材

跳绳运动是借助绳来完成的，比赛用跳绳须经组委会审定。

一、构造

跳绳一般由绳和手柄构成（见图 3-2-1）。

图 3-2-1

二、要求

（1）绳的长短、粗细、结构和重量不限，服装和地板应有明显的颜色反差，不得使用金属材料制作的绳具（手柄除外）；

（2）手柄的长短、粗细、颜色、形状、结构、材料和重量不限，也可使用不带手柄的绳具；

（3）比赛用绳不得有安全隐患和影响裁判员判断的饰物。

第三节 装备

跳绳运动不要求有专门的运动装备，只要穿着舒适得体即可。

一、服装

（1）比赛服装（袖子和领子除外）的主要颜色应与比赛用绳有明显区别；

（2）比赛服上衣背部的中间位置应佩戴组织者指定的号码布，号码布规格为不大于24厘米×20厘米的矩形；

（3）比赛服上不得带有不文雅或与本项运动相悖的设计或字样；

（4）同队选手参赛应穿着统一的比赛服装（鞋袜除外，鞋子颜色应与跳绳有明显区别）；

（5）不得佩戴妨碍比赛安全的任何饰物、挂件（见图3-3-1）。

图 3-3-1

二、鞋

应选择品质较好的运动鞋,以防止身体和脚部受伤。

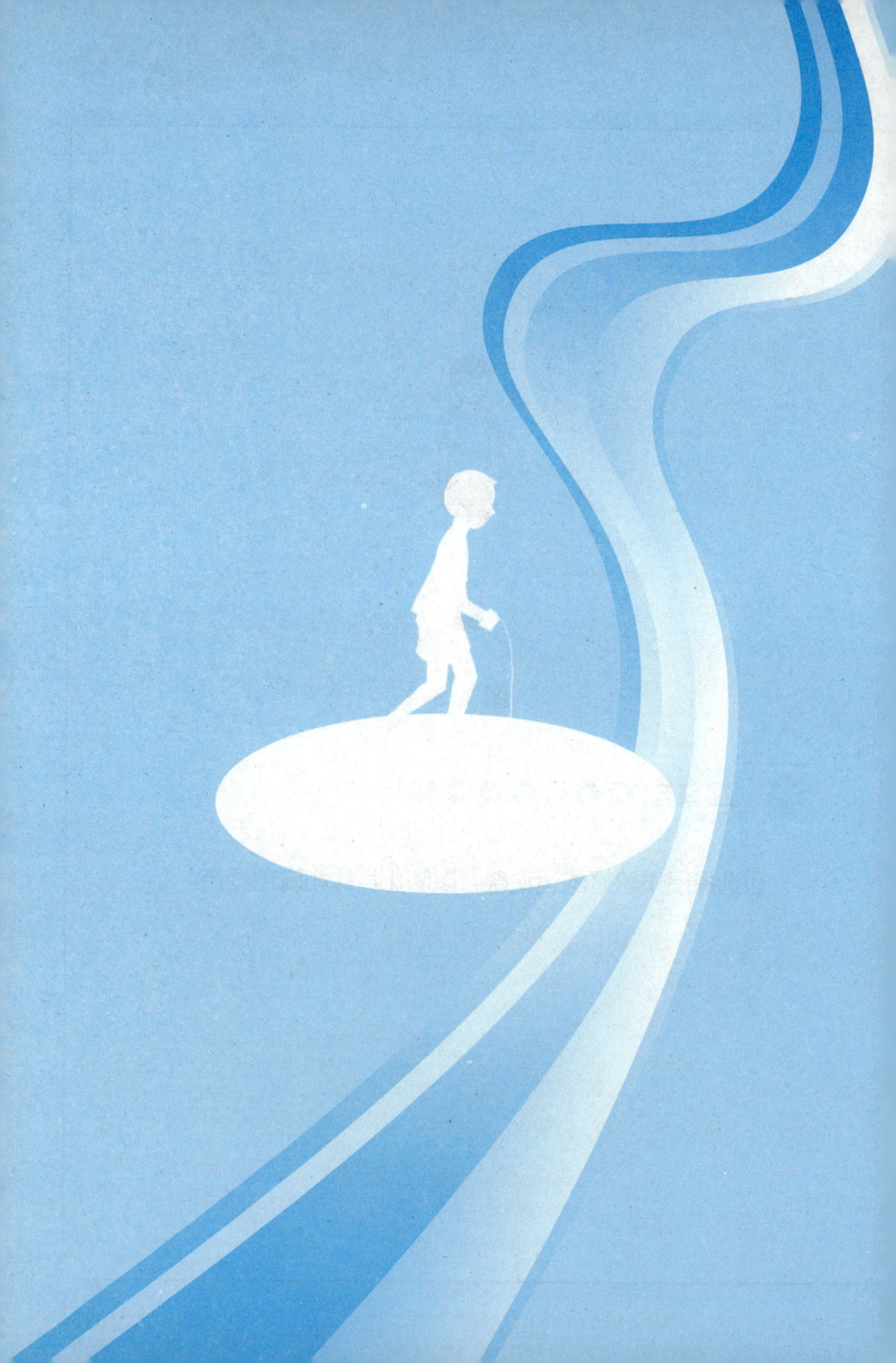

第四章 跳绳基本技术

　　跳绳的基本技术是跳绳练习的入门技术，是各种跳绳动作组合的基础，只有熟练掌握了基本技术，才能学习高难度的跳绳动作。

第一节 握绳、量绳和摇绳

练习跳绳之前应该首先掌握握绳、量绳和摇绳的方法,这是跳绳的最基本动作,可以为更好地学习跳绳打下良好的基础。

一、握绳

(一)有握把绳

有握把绳的握绳方法是:

拇指与四指分开握在绳把上,用力不可过大,手腕不宜过分紧张,以保证摇绳的灵活性。

(二)无握把绳

1. 套扣绳把

套扣绳把的握绳方法(见图4-1-1)是:

(1)将绳的两端分别打一个直径4~7厘米的套圈,并用死结使套圈固定,不因摇动而使套圈大小发生变化;

(2)将这个小套圈套在小指上,用拇指和食指提捏住死结,其余三指握住绳子,就像握把一样。

图 4-1-1

2.绕手心手背
绕手心手背的握绳方法(见图 4-1-2)是:
(1)将绳的两端分别绕在手心手背上;
(2)用拇指与食指抓住绳子,控制摇绳的转动速度。

图 4-1-2

二、量绳

量绳的动作方法是：

两脚开立（距离不应大于肩距），或一脚踏在跳绳中间部位，两手握绳的两端。

三、摇绳

（一）正摇绳

臂屈肘与体侧呈直角，拉直跳绳。

正摇绳的动作方法（见图 4-1-3）是：

（1）两手握绳，两臂自然弯曲，将绳置于体后，两手腕、手臂协调一致用力，将绳向上、向前抡起；

（2）当绳抡至头以上位置时，两手臂继续向下、向后抡绳，使绳绕身体周而复始地抡动；

（3）开始时，以两肩为轴，两臂、两手腕同时用力，手臂抡绳动作较大，技术熟练后，手臂抡绳动作可逐渐减小幅度，以两肘为轴，用两前臂和手腕配合摇绳，十分熟练后，可仅以两手腕的动作来摇绳。

图 4-1-3

(二)反摇绳

反摇绳的动作方法(见图 4-1-4)是:与正摇绳动作相同,方向相反。

图 4-1-4

第二节 基本跳法

基本跳法是练习其他花样跳法的基础，需要初学者认真掌握。

1. 动作方法（见图4-2-1）

（1）摇绳到脚下，刚一触及地面时，两脚立即起跳；

（2）身体自然放松，两腿略屈，或跳起后两小腿略后屈，待绳子通过脚下，两脚自然落地。

2. 技术要点

以前脚掌先着地可起到缓冲作用，避免膝关节、踝关节受损伤，也可起到保护大脑不受震动的作用。

图 4-2-1

第三节 跳短绳

练习跳绳应循序渐进，动作由慢到快、由易到难，从练习跳短绳开始，包括单摇跳、双摇跳、三摇跳、带人跳和双人跳等。

一、单摇跳

（一）正摇跳

1. 正摇双脚跳

正摇双脚跳的动作方法（见图 4-3-1）是：

（1）两手握绳把，将绳置于身后，绳的中段部分约置于臀下膝上，上臂与前臂夹角约 120°，处于自然弯曲状态；

（2）动作开始时，两手腕同时用力并配合前臂发力，将绳由体后摇至体前，当绳触地面时，两脚及时起跳，让绳通过脚下；

（3）两脚同时落地，同时两手继续摇绳，重复上述动作。

图 4-3-1

2.正摇单脚跳

正摇单脚跳的动作方法(见图 4-3-2)是：

(1)一只脚抬起,悬空自然屈,另一只脚支撑,并连续跳跃过绳；

(2)跳绳动作要领同正摇双脚跳,唯跳跃过绳时为单脚。

图 4-3-2

3.正摇双脚交替跳

正摇双脚交替跳的动作方法(见图4-3-3)是：

跳绳时好似原地跑，两脚交替蹬地跳过绳，使两腿交替得到休息，能跳得既久且快。

图 4-3-3

4.正摇两步跑跳

正摇两步跑跳的动作方法(见图4-3-4)是：

(1)与正摇双脚交替跳的方法相同，两脚交替跳过绳，但不是原地进行，而是边跑边跳；

(2)每跑2步摇绳1周，跳绳1次。

图 4-3-4

5. 正摇三步跑跳

正摇三步跑跳的动作方法（见图 4-3-5）是：

(1) 与正摇两步跑跳动作相同，每跑 3 步摇绳 1 周，跳绳 1 次；

(2) 熟练后可采取快速跑 5～6 步摇绳 1 周的方法，练习跑步跳绳。

图 4-3-5

6.正摇一步跑跳

正摇一步跑跳的动作方法(见图4-3-6)是：

(1)与正摇三步跑跳动作相同，每跑1步摇绳1周，跳绳1次；

(2)熟练后可高抬腿快速跑、快速摇。

图4-3-6

7.正摇高抬腿跳

正摇高抬腿跳的动作方法(见图4-3-7)是：

两手正摇绳，一腿用力下压蹬地，另一腿屈膝高抬，大腿抬平或略高，两脚交替跳过绳，上体保持正直。

图4-3-7

8. 正摇前踢腿跳

正摇前踢腿跳的动作方法（见图 4-3-8）是：

两手正摇绳，脚蹬离地面后向前踢腿，前踢时绷脚面，两脚交替跳过绳。

图 4-3-8

9. 正摇左右开合跳

正摇左右开合跳的动作方法（见图 4-3-9）是：

与正摇双脚跳基本相同，唯蹬地跳起时，两腿左右分开，落地时两脚并拢。

图 4-3-9

10. 正摇打脚跳

正摇打脚跳的动作方法(见图 4-3-10)是：

(1)两手正摇绳，跳起后两脚在空中相碰，即在空中迅速做打脚动作，然后双脚左右分开落地，以此连续摇跳；

(2)熟练掌握了空中打脚跳技术之后，可跳得高些，连续打脚 2 次或 3 次再落地。

图 4-3-10

11. 正摇侧打脚跳

正摇侧打脚跳的动作方法(见图 4-3-11)是：

(1)左腿支撑，右腿向左侧摆起，当绳摇至脚下左脚跳起时，向右侧摆动并踢打右脚，仍以左脚落地支撑；

(2)第二摇时改为右脚支撑跳，再做右脚在空中侧摆踢打左脚的动作；

(3)完成空中动作时，身体要保持平衡，不宜用力过猛而使身体歪斜。

图 4-3-11

12. 正摇蹲跳

正摇蹲跳的动作方法(见图 4-3-12)是:

(1)以深蹲姿势跳绳,要求绳略短些,摇绳时两臂略外展;

(2)开始练习可采用半蹲姿势,两腿略分开,以保持身体平衡。

图 4-3-12

13. 正摇后踢腿跳

正摇后踢腿跳的动作方法（见图 4-3-13）是：

（1）两手正摇绳，左右脚交替落地，落地后抬脚时，顺势将小腿后甩，以脚后跟触及臀部；

（2）可原地做，也可边跑跳边后踢腿。

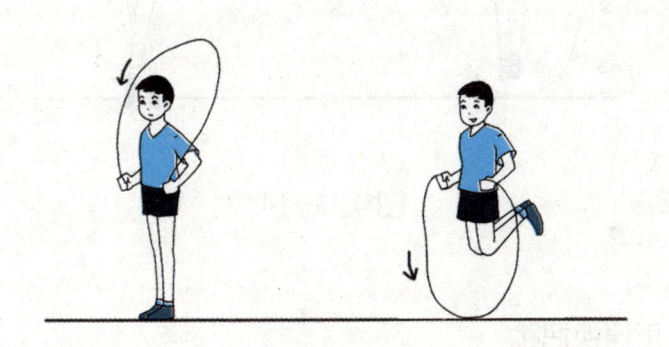

图 4-3-13

14. 正摇交叉跳

正摇交叉跳的动作方法（见图 4-3-14）是：

（1）两手正摇绳，两脚跳起，落地时左右脚交叉，右脚在前，左脚在后；

（2）再次起跳后落地，两脚交换交叉的位置，也可采用两脚前后交叉落地的方法进行。

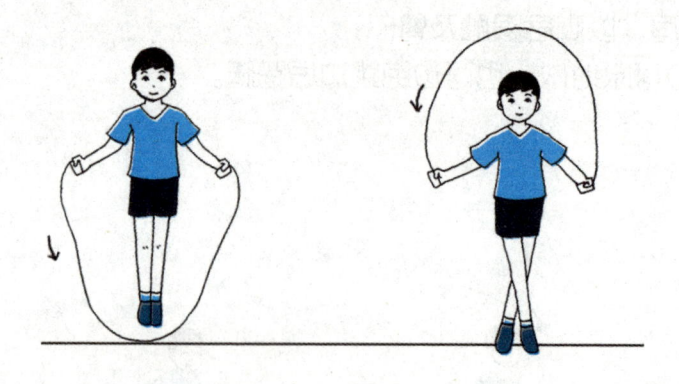

图 4-3-14

15. 正摇换把跳

正摇换把跳的动作方法(见图 4-3-15)是:

(1)当绳摇至头上方时,两手迅速互换绳把,每跳 1 次进行 1 次换把;

(2)初练时可每跳 2~3 次或多次进行 1 次换把。

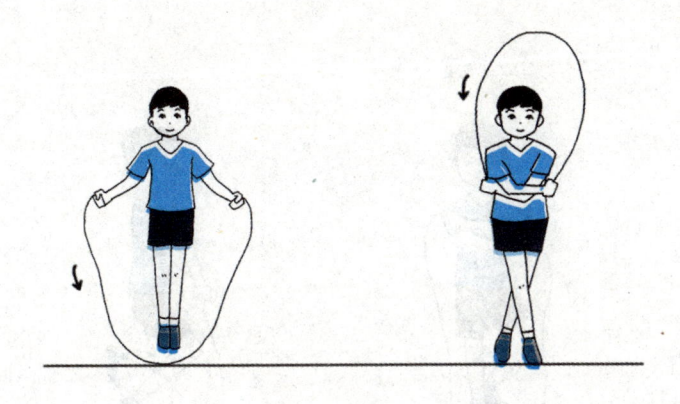

图 4-3-15

16. 正摇活编花跳

正摇活编花跳的动作方法（见图 4-3-16）是：

(1) 两手正摇绳，两脚跳，摇绳时两臂略分开，当绳摇至体前时，两臂迅速在体前交叉，绳通过脚下后立即分开，再次摇至体前时又一次交叉；

(2) 可跳 1 次编花 1 次，也可跳多次编花 1 次，两臂在体前交叉时要变换左右手的上下位置。

图 4-3-16

17. 正摇固定编花跳

正摇固定编花跳的动作方法(见图 4-3-17)是：

在活编花的基础上，两臂始终在体前交叉摇绳，靠手腕用力转动摇绳。

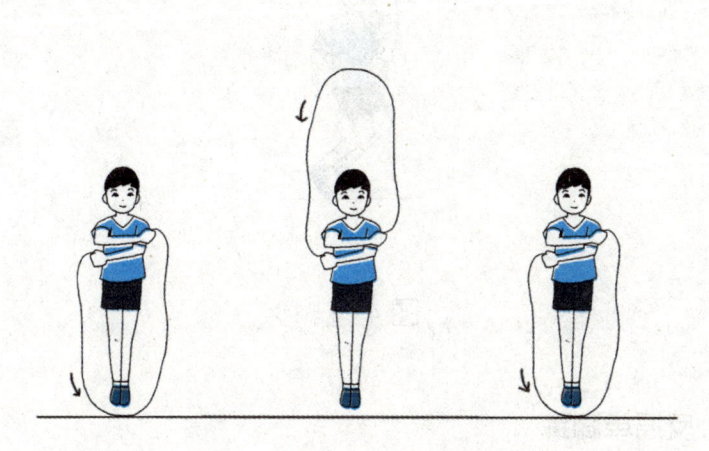

图 4—3—17

(二)反摇跳

1.反摇双脚跳

反摇双脚跳的动作方法(见图 4—3—18)是:动作方法同正摇双脚跳,唯摇绳方向相反。

图 4-3-18

2. 反摇单脚跳

反摇单脚跳的动作方法（见图 4-3-19）是：动作方法同正摇单脚跳，唯摇绳方向相反。

图 4-3-19

3.反摇双脚交替跳

反摇双脚交替跳的动作方法(见图4-3-20)是：动作方法同正摇双脚交替跳，唯摇绳方向相反。

图 4-3-20

4.反摇后退两步跑跳

反摇后退两步跑跳的动作方法(见图4-3-21)是：向后每退跑2步，反方向摇绳跳1次，连续进行。

图 4-3-21

5. 反摇后退一步跑跳

反摇后退一步跑跳的动作方法（见图 4-3-22）是：向后每退跑 1 步，反方向摇绳跳 1 次。

图 4-3-22

6.反摇高抬腿跳

反摇高抬腿跳的动作方法(见图4-3-23)是：
动作方法与正摇高抬腿跳相同，唯摇绳方向相反。

图 4-3-23

7.反摇前踢腿跳

反摇前踢腿跳的动作方法(见图4-3-24)是：
动作方法与正摇前踢腿跳相同，唯摇绳方向相反。

图 4-3-24

8. 反摇交叉脚跳

反摇交叉脚跳的动作方法（图 4-3-25）是：
动作方法与正摇交叉脚跳相同，唯摇绳方向相反。

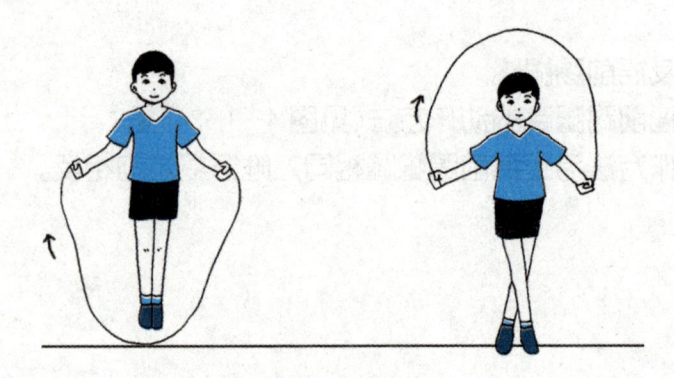

图 4-3-25

9.反摇蹲跳

反摇蹲跳的动作方法(见图 4-3-26)是：

动作方法与正摇蹲跳相同，唯摇绳方向相反。

图 4-3-26

10.反摇换把跳

反摇换把跳的动作方法(见图 4-3-27)是：

两手反摇绳，在绳刚过脚下、两手摇至体前时交换绳把，可以跳 1 次换 1 次把，也可跳几次换 1 次把。

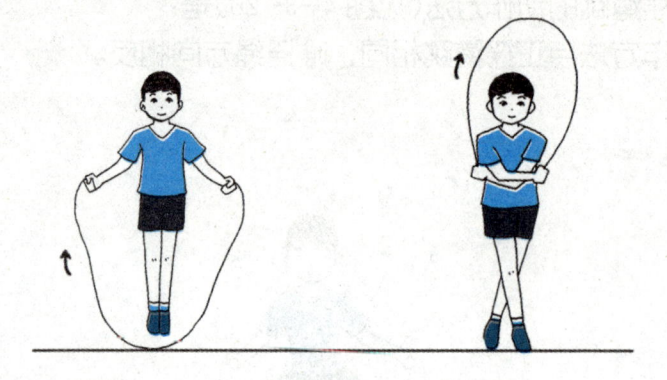

图 4-3-27

11. 反摇编花跳

反摇编花跳的动作方法（图 4-3-28）是：
动作方法与正摇编花跳相同，唯摇绳方向相反。

图 4-3-28

（三）摆绳互换跳

1.正摇跳变反摇跳

正摇跳变反摇跳的动作方法（见图4-3-29）是：

（1）原地正摇双脚跳，当绳从体后摇到头上方最高点时，两手顺势加力引绳向体侧摆，绳经体前到体侧；

（2）此时两手臂不再用力，由于惯性，引至体侧的绳仍会继续向上，待无力时会自然下落；

（3）双手引绳从体侧下方向头上摇转，当绳由头上经体后摇到脚下时，跳起过绳，变成反摇跳。

图4-3-29

2.反摇跳变正摇跳

反摇跳变正摇跳的动作方法(见图4-3-30)是：

(1)反摇跳，当绳从脚下通过后，两手不再继续用力摇绳；

(2)由于惯性，绳会继续上升，到体前一定高度时自然下落，此时两手顺势向下、向后方用力摇绳，绳从体前摇到体后，绳触地时两脚跳过，变成正摇跳。

图4-3-30

(四)转体互换跳

1.转体正摇跳变反摇跳

转体正摇跳变反摇跳的动作方法(见图4-3-31)是：

(1)正摇跳，当绳从体后摇到头上方最高点时，两手随之上

举过头，同时用力迅速向后做转体动作，绳继续空中转动；

（2）由于身体已转180°，摇绳的方向也随身体的转动而变换成反摇绳，当绳摇至脚下时，及时跳过，完成正摇跳变反摇跳动作。

图4-3-31

2.转体反摇跳变正摇跳

转体反摇跳变正摇跳的动作方法（见图4-3-32）是：

（1）反摇跳，当绳通过脚下在体前上升时，两手随绳的上升而上举，同时用力迅速做向后转体动作，绳继续空中转动；

（2）由于身体已转180°，由反摇绳变为正摇绳，当绳从体前落到脚下时，跳过绳，完成反摇跳变正摇跳动作。

图 4-3-32

3. 摆绳加转体正摇变反摇

摆绳加转体正摇变反摇的动作方法（见图 4-3-33）是：

（1）正摇跳，绳从体后摇至头上，当摇到体前绳下落时，两手顺势引绳向右侧（或左侧）摆出，同时身体从同侧转体 180°；

（2）接着反摇，绳从头上摆向体后，摇至脚下跳过，完成正摇变反摇动作；

（3）开始练习可以跳几次后转变 1 次，待熟练后，再进行连续的互换变跳练习。

图 4-3-33

二、双摇跳

(一)正双摇跳

正双摇跳的动作方法(见图4-3-34)是:

(1)手腕快速摇绳,两脚同时起跳,摇绳绕身2个回环后,两脚同时落地,可略分开或略前后错开落地,摇绳时绳可不触地;

(2)初学时,由于摇绳速度不够快或加速时机不合适,常常站不稳,可先多练习跳1次双摇跳,待站稳之后,逐渐练习连续双摇跳。

图 4-3-34

(二)反双摇跳

反双摇跳的动作方法(见图 4-3-35)是：
(1)手腕快速反摇绳，摇绳时两臂略外展，两脚同时起跳，摇绳绕身 2 个回环后，两脚同时落地，可略分开或略前后错开落地；
(2)摇绳时要使绳每次都打地，便于控制起跳时机。

图 4-3-35

(三)正、反双摇单脚跳

正、反双摇单脚跳的动作方法(见图 4-3-36)是：
动作方法与正、反双摇跳相同，唯用单脚跳(见图 4-3-27)。

图 4-3-36

(四)正、反双摇交替跳

正、反双摇交替跳的动作方法(见图 4-3-37)是:
动作方法与正、反双摇单脚跳相同,唯一脚跳起后,换另一只脚落地。

图 4-3-37

(五)固定编花双摇跳

固定编花双摇跳的动作方法(见图 4-3-38)是:

两臂自始至终交叉(编花状),在体前连续摇 2 次,双脚跳 1 次。

图 4-3-38

(六)摆动落地双摇跳

摆动落地双摇跳的动作方法(见图 4-3-39)是：
(1)在地上画 1 条直线，起跳时站在直线上；
(2)跳起后第 1 次落地，两脚落在线的左侧，第 2 次跳落在线的右侧，如此反复落在中线左右。

图 4-3-39

三、三摇跳

(一)正摇三摇跳

正摇三摇跳的动作方法(见图4-3-40)是：

正摇，当绳摇至脚下时高高跳起，用手腕快速摇绳3下，即在脚未落地之前，让绳绕周身3次。

图4-3-40

(二)反摇三摇跳

反摇三摇跳的动作方法(见图 4-3-41)是:
动作方法与正摇三摇跳相同,唯摇绳方向相反。

图 4-3-41

四、带人跳

(一)一带一跳

1. 固定带人跳

固定带人跳的动作方法(见图4-3-42)是：

(1)带人者持绳置于身后，被带者面对带人者而立，带人者摇绳；

(2)当绳摇到被带者脚下时，两人几乎同时起跳，先后过绳，连续进行。

图4-3-42

2. 活上绳带人跳

活上绳带人跳的动作方法(见图4-3-43)是：

(1)带人者先做正摇跳，被带人站在一旁，观察、体会其摇绳节奏和时机；

（2）待摇绳者将绳摇至脚下跳过后，趁绳在其体后的时机，被带者快速跑到带人者身前；

（3）待绳从身后经头上摇至脚下时，两人齐跳过绳。

图 4-3-43

（二）一带二跳

一带二跳的动作方法（见图 4-3-44）是：

（1）动作方法与正摇一带一跳相同，只是同时带两个人跳；

（2）可采取固定法，也可用活上绳法，两人均要求活上绳法比较困难，可先用固定法带一人，另一人采取活上绳法。

图 4-3-44

(三)一带多跳

一带多跳的动作方法(见图 4-3-45)是:
(1)动作方法与正摇一带一跳相同,唯一人带多人跳绳;
(2)带人者最好是跳绳技术熟练且个子较高,所用绳随人数的增加而放长,两臂充分用力,绳要充分抡圆并速度均匀;
(3)被带者要互相贴靠并贴靠带人者,可由一人发出口令指挥大家一齐跳。

图 4-3-45

(四)一带一钻绳洞跳

一带一钻绳洞跳的动作方法(见图 4-3-46)是：

(1)带人者与被带者齐跳若干次，带人者将一侧手臂抬高摇绳，被带者弯腰，从带人者抬高一侧手臂下快速钻跑到其身后；

(2)当绳恰好摇至带人者身后时，被带者应已钻到其身后正中位置上，待绳摇至脚下后，两人一齐跳过；

(3)跳若干次之后，被带者再从带人者抬起摇绳的另一侧手臂下钻到其身前，待绳摇至脚下时及时齐跳；

(4)带人者将绳有意识地向被带者钻洞一侧的方向摇动；

(5)还可采用均匀摇绳方法，钻洞者边跳边围绕带人者钻转，即连续钻洞跳绳。

图 4-3-46

(五) 一带二钻绳洞跳

一带二钻绳洞跳的动作方法(见图 4-3-47)是：

(1)开始时被带者一人站在带人者身前，另一人紧贴在其身后一齐跳；

(2)前面的人从一侧向后钻，后面的人同时从另一侧向前钻；

(3)两人可沿顺时针方向钻转，也可沿逆时针方向钻转，带人者的两臂抬高摇绳，以便被带人钻过。

图 4-3-47

(六)一带三钻绳洞跳

一带三钻绳洞跳的动作方法(见图 4-3-48)是:

带人者前面站两人,后面站一人,分别沿顺、逆时针方向边钻边跳。

图 4-3-48

五、双人跳

(一) 一人跳一人辅摇

一人跳一人辅摇的动作方法(见图 4-3-49)是:

(1)两人面对同一方向,用同侧手握绳,跳绳人单手摇跳,另一人辅助摇绳,摇绳动作协调一致;

(2)当跳绳者跳完规定次数的最后一次后,迅速转体 180°,同时辅助摇绳者也随之转体 180°,此时原跳绳者变为辅摇绳者,而原辅摇绳者变为跳绳者,两人面向另一侧练习辅摇跳;

(3)此练习可在行进中摇跳,两人步调统一。

图 4-3-49

(二)双人摇绳跳

双人摇绳跳的动作方法(见图 4-3-50)是：

(1)两人并排而立，分别用外侧手握住一条绳的两端，将绳置于体后，两人同时向上、向前摇绳，当绳摇至脚下时，两人同时跳起过绳；

(2)可以采用双脚跳、单脚跳、交替跳、前踢腿、后踢腿等各种跳法进行练习，练习时两人注意交换左右位置，以使左右手都能得到摇绳的机会。

图 4-3-50

(三)双人摇绳带人跳

双人摇绳带人跳的动作方法(见图 4-3-51)是:动作方法同双人摇绳跳,被带人站在两个摇绳人中间。

图 4-3-51

第四节 跳长绳

跳长绳是指用较长的绳子，由两个人摇绳，数人跳绳的集体跳绳运动，可培养相互协作精神，包括握绳、摇绳和基本跳法等。

一、握绳

握绳的动作方法（见图 4-4-1）是：

两人可单手或双手握绳，各握绳一端，如绳长可在拇指与其他四指间适当绕几圈。

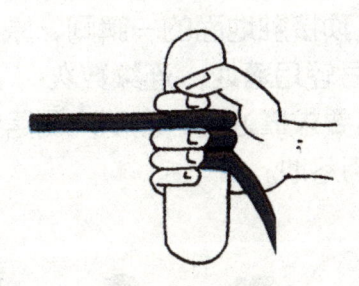

图 4-4-1

二、摇绳

摇绳的动作方法是：
（1）两摇绳人面对面而立，二者身高接近为宜；
（2）两人向同一方向摇绳，动作协调一致。

三、基本跳法

（一）原地并脚和单脚交换跳长绳

原地并脚和单脚交换跳长绳的动作方法（见图 4-4-2）是：
（1）跳绳人站在绳中间，由静止的侧立姿势开始；
（2）当绳摇过头顶接触地面的一瞬间，原地并脚向上起跳，绳从脚下穿过后轻巧落地，连续数次；
（3）单脚交换跳要求靠近绳一侧腿向侧跨跳，另一腿上提，依次越过，轻巧落地。

图 4-4-2

(二)正面、斜面(侧面)跑入跳长绳

1. 正、侧跑入长绳

正、侧跑入长绳的动作方法(见图4-4-3)是：

(1)面对或侧对绳圈来的方向，把跳绳打地声音当作"跑"的起动信号，一打地就跑入；

(2)当摇转的绳子着地瞬间及时跳起，连续跳1～3次，可并脚跳、单脚交换跳或并脚加垫跳，从反面跑出。

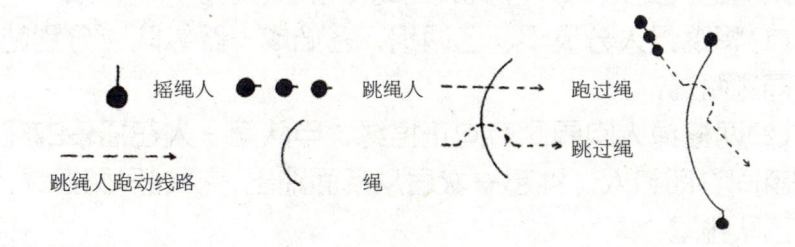

图4-4-3

2. 侧面进入"8"字形跑过

侧面进入"8"字形跑过的动作方法(见图4-4-4)是：

(1)跳绳人在一摇绳人的侧面站成一路纵队；

(2)两摇绳人向同侧方向正摇绳，当摇转的绳子着地瞬间，排头先跑入，跳起一次后从反面跑出，绕过一侧的摇绳人，站在绳的同侧另一端；

(3)全队依次轮流跳完，再从另一端开始。

图 4-4-4

3. 两侧跑入交叉"8"字跳绳

两侧跑入交叉"8"字跳绳的动作方法(见图 4-4-5)是：

(1)将跳绳人分成甲、乙两组，各站成一路纵队，分别站在绳子同侧两端；

(2)两摇绳人向同侧方向正摇绳，甲队第一人在摇转的绳子着地瞬间立即跑入，跳起一次后从反面跑出，绕过异侧摇绳人，站在乙队排尾；

(3)乙队第一人在甲队第一人跑出后立即跑入，跳起一次后从反面跑出，绕过异侧摇绳人，站在甲队排尾，两队依次轮流跑完。

图 4-4-5

(三)跳双绳

1. 短绳套长绳单摇跳

短绳套长绳单摇跳的动作方法(见图4-4-6)是：

(1)长短绳交叉，短绳套长绳，两人摇长绳；

(2)跳绳人在长绳下摇短绳，短绳随长绳同时摇转，一摇一跳长短绳。

图4-4-6

2. 短绳套长绳中做单摇跳

短绳套长绳中做单摇跳的动作方法(见图4-4-7)是：

(1)长短绳不交叉，两人摇长绳；

(2)跳绳人在长绳下摇短绳，长短绳速度同步，一摇一跳；

(3)可以跳"死绳"或"活绳"(短跳绳人持绳跑入后再摇绳跳)。

图 4-4-7

3.一人跳两条长绳

跳死绳

跳死绳的动作方法(见图 4-4-8)是：

(1)摇绳人面对面站立，手持两条平行的长绳，分别握绳两端，跳绳人站在先摇起绳的一侧；

(2)当先起的绳子摇过跳绳人的头顶时，另一条绳子摇起，先起的绳子在打地的一瞬间，用单脚交换跳或并脚跳的方式跳越；

(3)跳过后，立刻跳越后起的绳子，连续数次。

图 4-4-8

跳活绳

跳活绳的动作方法（见图 4-4-9）是：

（1）摇绳方法同跳死绳；

（2）跳绳人侧对或正对来绳，当绳摇至一绳在上、一绳在下时，跳绳人从正面或斜面跑至绳的着地点附近，用单脚交换跳或并脚跳的方式跳越。

图 4-4-9

4. 跳十字绳

跳十字绳的动作方法（见图 4-4-10）是：

（1）四人摇两条绳，两条绳同时起落，使两条绳交叉呈"十"字形，以交叉处触地为宜，一般以上边绳作为指挥绳，下边绳跟随上边绳的节奏摇转；

（2）跳绳人排列站在绳的对面，准备正上绳，在绳交叉点的地方跳绳。

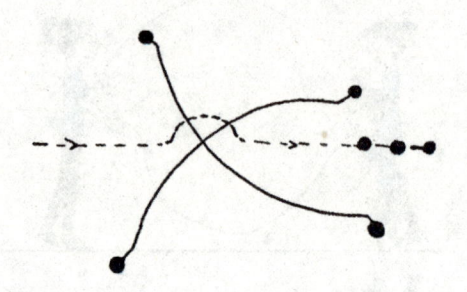

图 4-4-10

5.侧上跳十字绳

侧上跳十字绳的动作方法(见图 4-4-11)是：

摇绳动作与跳十字绳相同，跳绳人从其中一条绳的一端正上绳，然后左转一个直角，反上跳另一条绳。

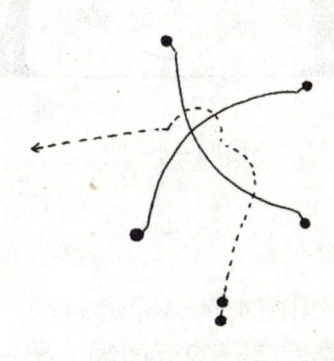

图 4-4-11

6.交替对摇绳连续跳

摇绳

摇绳的动作方法(见图 4-4-12)是：

(1)摇绳人相对站立，先按顺时针方向摇一条绳，转至上方最高点时，两人协力再按逆时针方向摇另一条绳，当后摇的绳转至上方最高点时，恰是先摇绳转至最低点，如此两绳一上一下交错转动；

(2)摇绳时，绳打地后两人尽量向外用力摇转，便于两绳交错而不搭在一起，摇绳速度一致，用力协调。

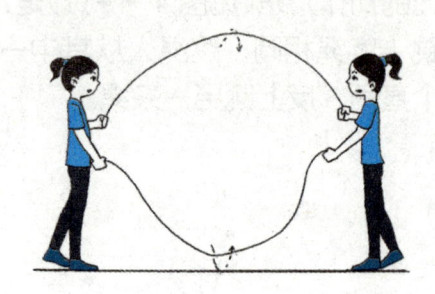

图 4-4-12

跳绳

跳绳的动作方法（见图 4-4-13）是：

（1）上绳时先跳靠近自己的反摇绳，另一绳正好在高空，跳过第一绳之后，另一绳正好转至脚下，立即跳过；

（2）第一次跳过的绳再次转至脚下，如此及时跳越两条交错摇过的绳，可用双脚，也可左右脚交替跳。

图 4-4-13

下绳

下绳的动作方法（见图 4-4-14）是：

下绳的动作同上绳，也以一条绳为目标，如跳绳次数为单数，可按上绳方向跑出，如跳绳次数为双数，则从上绳的同侧方向跑出。

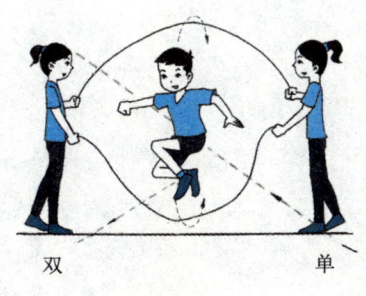

双　　　　　单

图 4-4-14

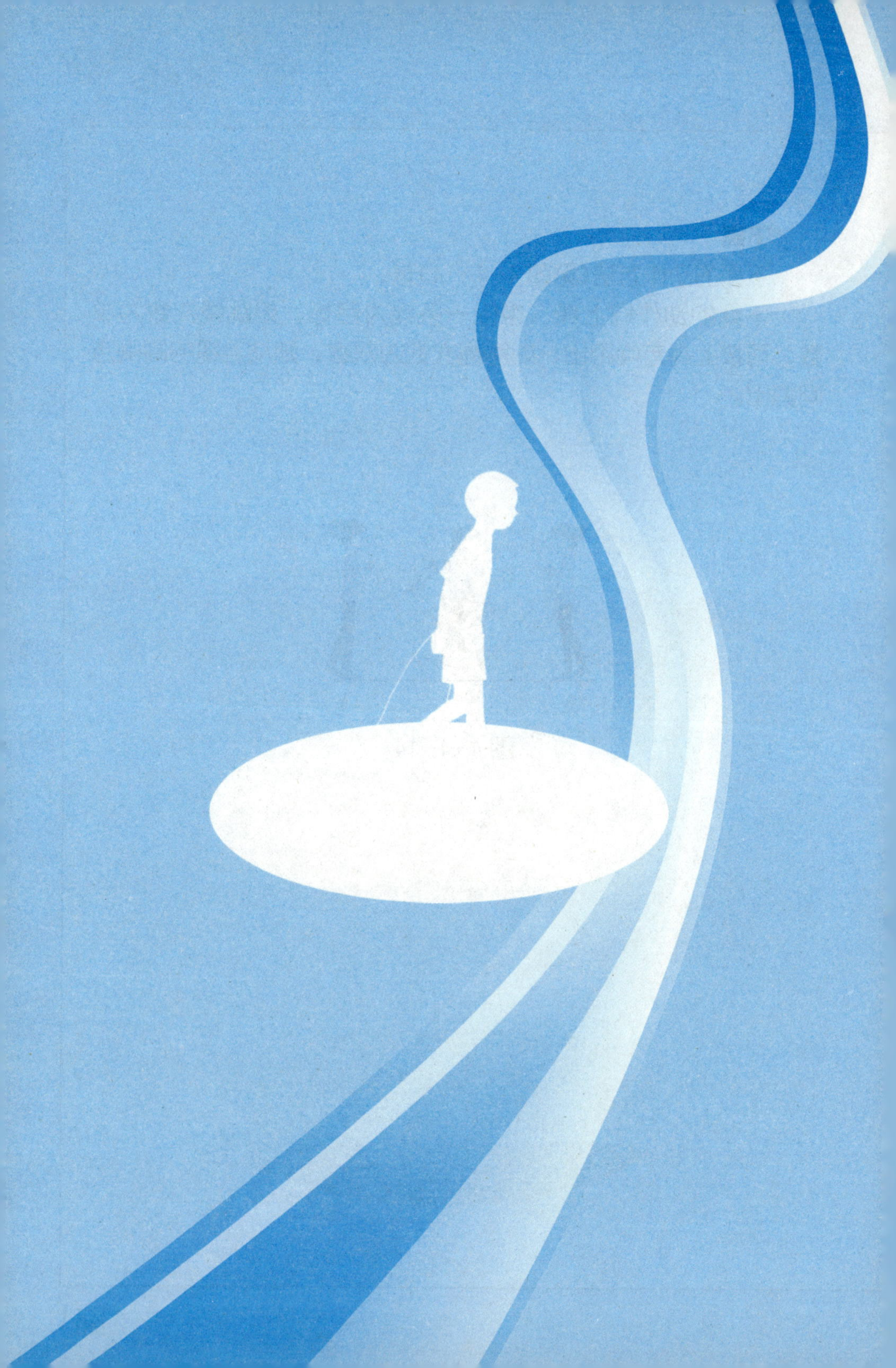

第五章 跳绳比赛规则

合理的比赛程序是比赛顺利进行的前提条件,正确、合理的裁判工作是比赛公平、公正的基本保障。了解比赛规则的相关知识,既能够使观众更全面、更深入地欣赏比赛,同时又能够使选手游刃有余地进行比赛。

第一节 程序

跳绳运动在长期的发展过程中，已经形成了一套完整的比赛程序。

一、参赛办法

参加跳绳比赛首先要进行报名，报名后经过资格审查才有机会参加比赛。

二、比赛方法

(一)比赛开始与结束

比赛开始与结束均以口令或鸣哨为信号，计时员发出"选手准备"指令后，所有参赛选手就位，发出"预备"指令后，做好跳绳准备，单绳项目的选手双手持绳于身后，双绳、长绳"8"字跳项目的选手持绳站好。

(二)计时计数赛

1.单摇跳

选手跳起1次，两手摇绳，绳绕身体1周（360°），计次数1

次，在规定时间内累积计数。

2. 双摇跳

选手跳起1次，两手摇绳，绳绕身体2周（720°），计次数1次，在规定时间内累积计数。

3. 三摇跳

选手跳起1次，两手摇绳，绳绕身体3周（1080°），计次数1次，在规定时间内累积计数。

4. 间隔交叉单摇跳

选手单摇跳起1次，两手体前交叉摇绳，绳绕身体1周（360°），再跳起1次，依次一摇一变化交叉跳，一个动作循环计次数1次，在规定时间内累积计数。

5. 混双单摇跳

男女选手各1名，同时跳起1次，绳绕两人身体1周（360°），计次数1次，在规定时间内累积计数。

6. 接力赛

4×30秒单摇跳、4×30秒双摇跳、4×45秒双绳交互摇三人跳，须以30秒或45秒口令为信号进行接力跳。

7. 长绳"8"字跳

2名选手持绳站好，间距不小于3.6米，在口令或鸣哨后将绳同方向360度摇起，选手无论采用何种方式须依次以"8"字路线跑入绳中跳越，长绳过双脚，跑出长绳，计次数1次，在规定时间内累积计数。

(三)花样赛

花样赛包括个人赛和团体赛，须自行编排动作及套路，在规定时间内进行跳绳比赛。

(四)表演赛

由 4~14 名选手以配乐进行表演，表演内容为自编花样。

第二节 裁判

跳绳比赛中，裁判人员有严密的组织工作和严格的评分标准。选手如果对评分标准了然于胸，就能在比赛中游刃有余、发挥自如。

一、裁判员

裁判员由以下人员组成：
(1)总裁判长 1 人，副总裁判长 1~2 人；
(2)裁判组设裁判长 1 人，副裁判长 1~2 人，裁判员不少于 8 人；
(3)计时计数比赛每个场地由 3 名计数裁判员担任裁判，其中 1 人为主裁判员；
(4)花样比赛由 8 名裁判员担任裁判，其中 3 人为难度评分裁判员，5 人为评分裁判员；

(5)编排记录长1名,检录长1名;

(6)记录员1~2人,计时员1人,检录员2~3人,宣告员1~2人。

二、评分

(一)计时计数赛

1. 应得数

在计时计数比赛中,每场比赛须3名裁判员计数,若2名裁判员计数相同而第3名不同时,应以这2名计数相同裁判员所计数为准;若3名裁判员所计数各不相同,应以2名最接近,且计数最高的裁判员所计数的平均值为准,此平均值称为选手的应得数。例如133、135、137,取135、137,即133—135—137→(135+137)/2=136,T=136。若同一场地的分数连续有5次以上不同,则应及时报告裁判长。

2. 最后有效次数

应得数减去裁判长判罚的犯规应扣次数,为最后有效次数。

3. 名次确定

比赛成绩按最后有效次数确定,次数多者名次列前;如次数相等,以失误少者名次列前;如仍相等,并涉及第1名,令次数相等的选手加赛1场;若再相等,则在裁判长的监督下,由双方选手或领队抽红白签决定名次,并规定抽红签者为第1名,抽白签者为第2名。

（二）花样赛

1.应得分
在花样比赛中，比赛须由8名裁判员评分，其中A组5名裁判员的评分除去最高分和最低分，取平均值为综合分；B组3名套路难度裁判员评分的平均值为套路难度分，综合分与套路难度分之和为应得分。

2.最后有效分数
应得分减去裁判长判罚的犯规应扣分，为最后有效分数。

3.名次确定
在花样比赛中，比赛成绩按最后有效分数确定，分数高者名次列前；如分数相等，以套路难度分数高者名次列前；如仍相等，以失误次数少者名次列前；若再相等，并涉及第1名，则在裁判长的监督下，由双方选手或领队抽红白签决定名次，并规定抽红签者为第1名，抽白签者为第2名。

毽球

第六章 毽球概述

踢毽球是我国一项流传很广、有着悠久历史的民族体育运动。经常从事这项运动，可以活动筋骨、促进健康。在古都北京,毽球还有个富有诗意的名字——翔翎。

第一节 起源与发展

踢毽球是我国一项历史悠久的传统体育运动项目，在长期的发展过程中，广泛传播，逐渐普及。

一、起源

毽球起源于我国汉代，盛行于六朝、隋、唐时期。唐《高僧传》中记载：北魏时有一个叫跋陀的人到洛阳去，在路上遇到了12岁的惠光，惠光在天街井栏上反踢毽球，连续踢了500下，观众赞叹不已。这说明毽球在当时已是一项广泛传播的休闲娱乐活动了。

二、发展

现代毽球是一项新兴的体育运动项目。20世纪30年代，涌现出了一批闻名全国的踢毽球能手。毽球技术在普及的基础上得到了提高，各种踢法丰富多彩，高难翻新的动作层出不穷，不同风格争奇斗胜，使观赏者眼花缭乱，惊叹不已。我国传统的踢毽运动在此时期已日趋完善。

1928年月12月，在上海市举办的"中华国货展览会"上，举行了我国第一次踢毽球公开比赛，推动了这项民族体育运动的发展。

1933年10月，在全国体育运动会上，毽球同拳术、摔跤、弹弓、剑术等民间运动一起，成为了比赛项目。

1963年,踢毽球被列入国家提倡开展的体育运动,同时还被编入了小学体育教材。

1984年3月,国家体委批准将毽球列为全国正式比赛项目。毽球运动以其坚实的群众基础,在全国各地蓬勃发展起来。

第二节 特点与价值

毽球运动备受青少年的喜爱,具有灵敏性、观赏性、融合性和普及性的特点。

一、特点

(一)灵敏性

一只上下飞舞不定的毽球,踢毽者要在最有利的一刹那控制它,在空中完成各种接、落、跳、绕、踢等动作,这能大大提高踢毽者的反应性、灵敏性和动作协调能力。

(二)观赏性

踢毽球是我国特有的民族体育运动,它不仅是锻炼身体的手段,也是一种优美的艺术表演。各种踢法丰富多彩,高难动作层出不穷,使观赏者惊叹不已。

(三)融合性

毽球运动融入了足球的脚法、羽毛球的场地和排球的战术。发展踢毽球运动，对其他体育项目运动技术的提高具有促进作用，它可以作为足球、武术、体操、跑步等运动训练的辅助性练习。

(四)普及性

踢毽球的运动量可随意控制，可视自己的体能情况来确定运动量。由于踢毽球不必与人争抢冲撞，不受场地限制，占地小，器具简单，男女老少皆可参加，普及性很强。

二、价值

踢毽球是老少皆宜的健身运动，可以增强体质，延缓体能减退和关节韧带老化、衰退，对防治腰腿痛、关节炎效果显著。

另外，踢毽球时人数可多可少，人多时可以围圈共享其乐，单独一人亦可自得其乐。这样，既得到了兴趣上的满足，又达到了强身健体的目的，可谓一举两得。

第七章 毽球场地、器材和装备

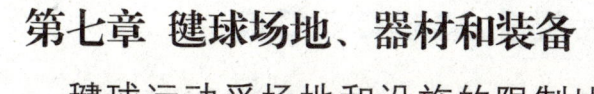

　　毽球运动受场地和设施的限制比较小，单人玩、双人玩、多人玩都可以。一个毽球可以满足五六人乃至更多人的参与。

第一节 场地

毽球比赛场地多采用羽毛球双打场地，没有好的场地，很容易使选手在跑跳过程中受伤，给踢毽球的选手带来不便。

一、规格

(1) 场地长 11.88 米，宽 6.1 米；

(2) 场地应画出清晰的界线，线宽 0.04 米（包括在场地面积内）；

(3) 较长的两条边界线叫边线，较短的叫端线；

(4) 连接场地两边线的中点与端线平行的线叫中线，中线将场地分为均等的两个场区；

(5) 在中线两侧各画一条与中线平行的线叫限制线（包括在限制区内），中线至限制线的距离为 2 米；

(6) 距两端线中点两侧各 1 米处，向场外各画一条长 0.2 米与端线垂直的短线，叫发球区线（不包括在发球区内）；

(7) 发球区线向后无限延长的区域叫发球区（见图 7-1-1）。

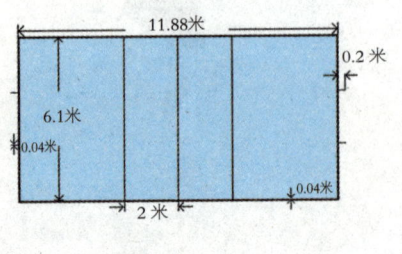

图 7-1-1

二、设施

(一) 球网

(1) 球网为深绿色,长 7 米,宽 0.76 米,网孔 2 厘米见方;

(2) 球网上沿缝有 4 厘米宽的双层白布,用绳穿起,将球网张挂在网柱上;

(3) 球网必须挂在中线的垂直上方,两端距地面的垂直高度必须相等,两端与中间的高度相差不得超过 2 厘米;

(4) 球网的中部顶端距地面垂直高度为男子 1.6 米,女子 1.5 米。

(二) 网柱

网柱安在中线以外,距边线 50 厘米处。

(三) 标志带与标志杆

1. 标志带

在球网的两端,垂直于边线和中线交接处,各系有一条宽 4 厘米、长 76 厘米的白色带子,叫标志带。

2. 标志杆

(1) 在球网上连接标志带外侧,应系有两根有韧性的杆,叫标志杆;

（2）标志杆长 1.2 米，直径 1 厘米，用玻璃纤维或类似的材料制成，两杆内侧相距 6 米；

（3）标志杆应高出球网上沿 44 厘米，并用对比鲜明的颜色画上 10 厘米长的格纹。

三、要求

场地上方 6 米以内（由地面计算）和场地四周 2 米以内不得有障碍物。

第二节 器材

毽球运动的器材就是毽球，毽球主要由毽毛和毽垫等构成。

一、规格

（1）毽球高 13～15 厘米，重 13～15 克；

（2）每支毽毛宽 3.2～3.5 厘米；

（3）毽垫直径 3.8～4 厘米，厚 1.3～1.5 厘米，毛管高 2.5 厘米（如图 7-2-1）。

图 7-2-1

二、材质

毽毛由鹅翎制成,毽垫由上垫、下垫和毛管构成,均用橡胶制作。

三、要求

(1)毽毛由4支白色或彩色鹅翎呈十字形插在毛管内;
(2)上垫和下垫中间套有由3层以上硬质薄形皮革或类似材料制成的垫圈;
(3)上垫套在毛管上,下垫和毛管连在一起。

第三节 装备

参加毽球比赛，需要有一身合适的装备，包括服装和毽球鞋等。

一、服装

（1）服装要宽松舒适，便于活动，面料一般为吸汗性和透气性较好的棉制品；

（2）场上队员上衣的前后须有明显的号码，号码颜色一致，并与上衣颜色有明显的区别；

（3）号码应清晰可见，背后的号码至少高20厘米，胸前的号码至少高10厘米，同队队员不得使用重复号码；

（4）队员不得穿戴任何危及其他队员的服饰。

二、毽球鞋

选手应穿专门的毽球鞋，在鞋底的设计上一般用牛筋底做底（主攻鞋是加厚的，二传鞋适中），鞋底能耐磨和防滑。鞋底和鞋帮之间加一层防震材料，选手腾跳落地时，能保护脚跟、腰及后脑不受伤害。

第八章 毽球基本技术

毽球运动是一项集健身、娱乐、竞技和观赏于一体的体育项目，可以利用绕转、静止、跳跃等各种踢法完成千姿百态的花样动作。基本技术包括准备姿势、发球技术、起球技术、攻球技术、踢球技术和花样踢球技术等。

第一节 准备姿势

准备姿势是选手在场上尚未接球时身体的一种等待状态。保持良好的姿势，是使身体能随时在瞬间由静变动、由被动状态变主动状态的关键。准备姿势包括左右开位站势和前后开位站势等。

一、左右开位站姿

1. 动作方法
两脚左右开立，两膝略屈，呈左右开位站势。
2. 技术要点
使选手能从静止状态快速转向左右移动状态，经常应用在比赛的防守过程站势当中。

二、前后开位站姿

1. 动作方法
两脚前后开立，呈前后开位站势。
2. 技术要点
使选手能从静止状态快速转向前后移动状态，较多应用在比赛过程中的接发球和防守当中。注意后脚跟离地，身体重心前移，随时保持静中带动的状态。

第二节 发球技术

发球技术包括脚内侧发球、脚正背发球和脚外侧发球等。

一、脚内侧发球

1. 动作方法（见图 8-2-1）

抬大腿带小腿，用内脚弓部位向前上方送髋推踢。

2. 技术要点

既稳又准，破坏性强。

图 8-2-1

二、脚正背发球

1. 动作方法（见图 8-2-2）
绷脚尖，用正脚背向前上方发力挑踢。
2. 技术要点
动作要平、快、准。

图 8-2-2

三、脚外侧发球

1. 动作方法（见图 8-2-3）
略侧身站位，绷脚尖，用脚外侧发力扫踢。
2. 技术要点
既快又狠，攻击力强。

图 8-2-3

第三节 起球技术

起球技术包括脚内侧起球、脚外侧起球、脚背起球、腿部起球、胸部起球和头部起球等。

一、脚内侧起球

1. 动作方法

（1）起球前，两脚前后自然开立，踢球脚在后，两膝略屈，两手臂放松，自然下垂于体侧；

（2）起球时，身体重心移到支撑腿上，踢球腿大腿带动小腿，由后向前上方摆动，在摆动过程中，逐渐形成髋关节外张、膝关节弯

103

曲、踝关节内翻的基本姿势；

（3）击球的一刹那，脚部击球面端平，击球部位应在脚内侧面的中部，击球点一般在支撑腿膝关节高度的体前约40厘米处。

2.技术要点

（1）起球的全过程应注意动作柔和、协调，大腿和小腿应完成向前上方送球的动作；

（2）在接起对方发过来的球时运用，要求队员必须积极移动，调整好人与球之间的位置，做到一次起球到位，给二传队员提供调整球的机会；

（3）在组织进攻的传球中运用，通过积极移动以及第一次调整击球的机会，处理好人与球之间、人与传球方向之间、传球队员与攻球队员之间的合理关系；

（4）在防守中运用，要求在训练中加强防快速球、大力量球，提高出脚速度的练习，加强其他起球技术与脚内侧起球技术的衔接能力练习。

二、脚外侧起球

1.动作方法

（1）起球前，两脚自然开立，两膝略屈，做好准备姿势；

（2）起球时，重心移到支撑腿上，击球腿的髋、膝关节内扣，踝关节背应，膝、踝关节外翻，使脚外侧尽量与地面平行，做好击球前的准备动作；

（3）击球是利用小腿外翻快速上抬的动作完成的，脚接触球的部位一般在脚外侧面的中部或中后部，击球点的高度一般不超过膝关节；

（4）当来球较高并快速向体侧后方飞行时，触球腿的大腿可外转，迅速沿地面后摆，伸腿插入球下，踝关节自然勾起向外翻转，脚指向体侧，脚的外侧面约呈水平，身体保持前倾，利用小腿快速屈膝上抬的动作，向体前上方击球。

2. 技术要点

脚外侧起球是一项重要的防守技术，在对方的来球平而快，落在身体两侧或从体侧、肩上向后场飞行，来不及移动和转身时运用。

三、脚背起球

1. 动作方法

（1）起球时，一脚支撑身体，另一脚主动插入球下，脚背与地面基本呈水平，当球快落到脚背上时，利用适度的伸膝和踝关节背应的协调勾踢动作，把球向上踢起；

（2）击球部位在脚的跖趾（脚面上接近脚趾的部分）关节处，击球点在离地面10～15厘米的高度，击出球的方向、弧度和落点，可通过脚背面的变化和踝关节背应勾踢的程度来调整。

2. 技术要点

脚背起球技术是毽球比赛中防守救球的重要技术，左右脚都必须掌握，当对方来球的速度快、落点低，以及球的落点离身体较远，不能及时移动到位时，必须运用脚背起球技术。

四、腿部起球

1. 动作方法

（1）当来球飞近大腿时，重心移到支撑腿上，击球腿自然屈膝，大腿带动小腿由后向前上方快速抬起，用大腿的前三分之一处击球，抬腿力量的大小应根据起球的弧度和落点要求加以控制；

（2）腿接触球时与地面保持一定角度，形成良好的反射角，击球后腿立即放下，准备移动或接着做下一个动作。

2. 技术要点

当来球速度较快，高于膝关节、低于腹部时，常采用腿部起球，接发球时也常用此技术。

五、胸部起球

1. 动作方法

（1）起球时，两手臂略屈，自然置于体侧，挺胸，伸膝，身体重心上移，给球向前上方一个作用力，使球呈小弧度飞行下落；

（2）也可运用左右转体压肩动作，调整来球的飞行方向；

（3）来球偏低时，采用屈膝姿势，偏高时则可起跳胸堵。

2. 技术要点

（1）当对方发球平而快，追胸而来，接发球队员来不及移动时运用；

（2）在防守反击过程中，防守队员用胸堵截对方平打后场的球；

（3）拦网时使用。

六、头部起球

1. 动作方法

（1）起球时，判断来球方向，使身体正对来球，放球飞近额前时，头颈主动迎球；

（2）当球快触到前额的一瞬间，及时抬头触击球，顺势把球击起，使球向前上方呈小弧度下落。

2. 技术要点

当来球向着头部迎面飞来，又来不及移动和转身时，经常使用头部起球技术。这项技术在比赛中虽然运用较少，但仍是一项不可缺少的防守起球技术，主要起到堵截、缓冲和调整来球的作用。

第四节 攻球技术

攻球技术包括头攻球、脚踏攻球和倒勾攻球等。

一、头攻球

1. 动作方法

从限制区外助跑起跳，靠腰部、颈部发力，在空中用额头的正面、侧面击球。

2. 技术要点

头攻球技术的特点是力量大、速度快、变向多，如果熟练运用，能给对方防守带来一定难度。

二、脚踏攻球

1. 动作方法（见图 8-4-1）

向上抬腿后，向下发力，用前脚掌部位推压击球。

2. 技术要点

（1）由于脚踏攻球力量方面相对较弱，因此必须充分发挥其快、刁的特点，攻其不备才能给对方防守带来较大的威胁；

（2）在练习时多注意控制球的线路和落点；

（3）脚踏攻球的特点是视野开阔、目的性强、球速快、变化多，既可以压踏前场又可以推踏后场，还可以抹吊近网。

图 8-4-1

三、倒勾攻球

1. 动作方法（见图 8-4-2）

（1）以大腿带动小腿向上摆动，加速发力；

（2）斜线攻球时，可以用站位方向的变化和脚尖内扣来达到变线攻球的目的；

（3）外摆攻球时，击球瞬间外翻脚腕，用转体和向外摆动腿来控制球的力量和落点；

（4）内扫攻球时，用脚尖部位或脚内侧向异侧腿前上方，边转体边扫踢击球。

2.技术要点

倒勾攻球的特点是击球点高、球速快、力量大、易控制、变化多，通常可根据对方不同的阵形攻出直线、斜线、外摆、内扫、轻吊和凌空等不同特性的球，给对方造成很大的威胁。

图 8-4-2

第五节 踢球技术

踢球技术包括脚内侧踢球、脚外侧踢球和脚背踢球等。

一、脚内侧踢球

1. 动作方法（见图 8-5-1）

（1）膝关节外张，大腿向外转动，略有上摆，不要过大；

（2）髋和膝关节放松，小腿向上摆，踢球时踝关节发力，脚放平，用内脚弓部位踢球。

2. 技术要点

主要用在传接球方面。

图 8-5-1

二、脚外侧踢球

1. 动作方法（见图 8-5-2）

略侧身，向体侧甩踢小腿，勾脚尖，用脚外侧踢球。

2. 技术要点

要想获得较低的踢球点，必须使支撑腿做适当的弯曲，还要注意身体重心放在支撑腿上。

图 8-5-2

三、脚背踢球

1. 动作方法（见图 8-5-3）

用正脚背接触毽球，绷住脚尖，抖动脚腕发力击球。

2. 技术要点

（1）一般用正脚背，注意绷脚尖和抖动脚腕发力击球；

（2）动作要快、准，一旦抖动脚腕发力，击球的节奏过快或过慢都会影响完成踢球的质量。

图 8-5-3

第六节 花样踢球技术

花样踢球技术包括盘踢演变的花样动作、磕踢演变的花样动作、拐踢演变的花样动作、绷踢演变的花样动作、里接演变的花样动作和外落演变的花样动作等。

一、盘踢演变的花样动作

（一）盘手花

盘手花的动作方法（见图 8-6-1）是：

当右脚盘踢时，左手环绕毽球一周，而左脚盘踢时，右手环绕毽球一周，手脚交替进行。

图 8-6-1

(二)金钱眼

金钱眼的动作方法(见图 8-6-2)是：

当脚内侧盘踢时，毽球上升到约与胸平齐，双手迅速在身体前方合成一个圆孔，拇指、食指相对，其他手指顺势而拢，使毽球从上穿圆孔而下。

图 8-6-2

(三)扑扑噔

扑扑噔的动作方法(见图8-6-3)是:

(1)开始可用右脚盘起,当毽球达最高点时,右脚迅速回位,左脚斜上步,使左腿盖住右腿,或交叉腿,左腿略屈,重心移至左腿,同时右腿在左腿下,小腿发力,向左上方摆动,用右脚内侧将毽球垂直踢起,然后迅速回位,左脚也回位;

(2)当左脚回位时,右脚斜上步,使右腿盖住左腿,呈交叉腿,右腿略屈,重心移至右腿,同时左腿在右腿下,小腿发力,向右上方摆动,用左脚内侧将毽球垂直踢起,形成两腿互换,数量越多越好。

图8-6-3

(四)交踢

交踢的动作方法是:
(1)将毽球垂直踢起,毽球下降时,一条腿的大腿提起,小腿放松下垂,形成一腿在上、一腿在下的交叉腿;
(2)同时下面的腿发力起跳,小腿发力侧上摆,用脚内侧将毽球踢起。

(五)别子

别子的动作方法是:
毽球垂直下降时,一条腿的大腿提起,胯、膝、踝关节放松,另一条腿发力起跳,上腿膝关节领先,从下降的毽球上方摆过,用另一只脚内侧将毽球踢起。

(六)童子拜佛

童子拜佛的动作方法(见图8-6-4)是:
并双脚底,双手合十,跳踢毽球,实际上是脚内侧着毽。

图 8-6-4

（七）毽股

毽股的动作方法是：
（1）跳起，一腿伸直，另一腿脚内侧踢毽球；
（2）当毽球垂直下降时，一腿伸直上摆，大腿和身体约成直角，用另一只脚内侧将毽球从上摆腿外踢起。

（八）撑子

撑子的动作方法是：
（1）跳起一腿，伸直外摆过毽球，用另一只脚内侧踢；
（2）当毽球垂直下降到胸部时，底腿发力起跳，上腿伸直外摆过毽球，底腿用脚内侧将毽球踢起。

(九)大偏马

大偏马的动作方法是:

(1)跳起,一腿伸直,内摆过毽球,另一腿在上摆腿的外侧用脚内侧踢毽球;

(2)当毽球垂直下降到胸部时,右腿发力起跳,左腿向前蹬直,大腿和身体形成 90°夹角,同时向内横摆腿,从下降的毽球上方一摆而过,用起跳的右脚内侧将毽球踢起。

(十)搂腕

搂腕的动作方法(见图 8-6-5)是:

(1)当毽球垂直下降到膝关节时,右腿胯、膝关节放松,踝关节略紧,大腿迅速上摆,小腿发力,自外向内做圆周摆动,脚趾斜上指,用脚内侧后跟部向上撞击毽球,使毽球垂直上升;

(2)撞击后,小腿顺势继续做圆周摆动,使踝关节从外向里,在空中围毽球绕转一周。

图 8-6-5

（十一）搂腕接

搂腕接的动作方法（见图 8-6-6）是：
当完成踝关节围毽球在空中绕转一周后，用脚内侧接毽球。

图 8-6-6

（十二）搂腕落

搂腕落的动作方法（见图 8-6-7）是：
当完成踝关节围毽球在空中绕转一周后，用脚外侧三趾部位接住毽球。

图 8-6-7

(十三)搂腕别子

搂腕别子的动作方法是：
（1）右腿完成搂腕动作后，右腿膝关节领先，大腿发力顺势向左上方平摆，从下降的毽球上面一摆而过；
（2）毽球到身体右侧，左腿在右腿底下发力起跳，用左脚内侧将毽球踢起。

(十四)大缠

大缠的动作方法是：
（1）左腿跳盘（先起跳，后搭腿，左脚盘起毽球），右腿环绕毽球一周后，使毽球落在右脚内侧，称大缠接；
（2）如使毽球落在右脚外侧三趾处，称大缠落；
（3）如环绕一周后用右脚绷起，称大缠绷。

(十五)剁子

剁子的动作方法是：

（1）左腿跳盘，当毽球达到最高点翻个时，右大腿略向上摆，膝关节外张，小腿发力，自外向里做圆周摆动，使踝关节在空中围毽球绕转一周，立即还原呈直立腿；

（2）右脚前脚掌刚一着地，左腿搭腿盘踢，右腿使踝关节绕毽球一周，以次数多为好。

二、磕踢演变的花样动作

(一)磕踢跳绳

磕踢跳绳的动作方法（见图 8-6-8）是：
磕踢（膝盖踢）一次毽球，跳一次绳。

图 8-6-8

(二)过笼

过笼的动作方法(见图 8-6-9)是：

双腿磕踢稳定后,双手大拇指相接,其余四指重叠,手心朝内,然后磕踢一次,手从里向外环绕毽球一次,再磕踢绕转一周,以次数多为好。

图 8-6-9

(三)磕过腿落

磕过腿落的动作方法是：

左腿跳磕起,同时右腿抬大腿,顺势上摆,小腿随大腿摆动,自外向里,小腿在空中围毽球绕转一周后,用脚外侧三趾将毽球接住。

(四)磕油勺

磕油勺的动作方法(见图 8-6-10)是：

(1)大腿发力上摆，小腿自然下垂，用膝盖撞击下降的毽球，形成一次磕踢；

(2)大腿带动小腿，顺势自内向外摆动，从下降的毽球上面一摆而过，用脚内侧停毽球。

图 8-6-10

(五)磕上顶

磕上顶的动作方法是：

发力磕起，仰头，目视毽托，同时双腿略屈，缓冲毽球下降的力量，接在脑门上。

(六)磕上前底

磕上前底的动作方法(见图8-6-11)是：

(1)大腿发力上摆，小腿自然下垂，用膝盖撞击下降的毽球，将毽球垂直撞起，高度要超过头部；

(2)小腿顺势蹬起朝天，同侧手迅速握住脚后跟，支撑腿略屈，使毽球落在前脚掌上。

图 8-6-11

(七)辘轳

辘轳的动作方法(见图8-6-12)是：

(1)大腿发力，用膝关节将毽球磕起；

(2)大腿带动小腿，小腿顺势围下降的毽球旋转360°，用脚尖踢起。

图 8-6-12

(八)磕转身

磕转身(亦称拜四方)的动作方法是:

左右互换磕踢 4 次,向左转体 90°,再磕踢 4 次,再向左转体 90°,共转体 4 次,回到原位,共转 1 周 360°,磕踢 20 次,完成磕转身。

三、拐踢演变的花样动作

(一)双拐

双拐的动作方法(见图 8-6-13)是:
(1)双腿双脚并齐,同时起跳,向一侧将高空下降的毽球拐起(脚外侧踢起);

(2)再向另一侧将垂直下降的毽球用脚外侧踢起。

图 8-6-13

(二)挂腕绷

挂腕绷的动作方法(见图 8-6-14)是：

(1)先用盘踢过渡一下,待毽球平稳时,左腿立即还原呈直立腿;

(2)当毽球下降距地面约 12 厘米时,右腿髋关节、膝关节放松,大腿发力上摆,小腿自然下垂,踝关节略紧,用脚外侧三趾部位向上撞击毽球;

(3)此时膝关节领先,大腿顺势上摆,小腿随大腿上摆,自里向外做圆周摆动,使踝关节围毽球在空中绕转一周,用脚尖三趾处将毽球绷起。

图 8-6-14

(三)挂腕落

挂腕落的动作方法(见图 8-6-15)是:
同挂腕绷,但不用脚尖绷起,而是落在脚尖三趾部位。

图 8-6-15

(四)挂腕接

挂腕接(亦称挂腕里)的动作方法(见图 8-6-16)是：当踝关节围毽球在空中绕转一周后,用脚内侧将毽球接住。

图 8-6-16

(五)外套环

外套环的动作方法(见图 8-6-17)是：
(1)当右腿完成挂腕动作,右脚踝关节围毽球在空中绕转一周后,迅速还原直立；
(2)用左脚内侧将毽球盘起,再以右腿挂腕,左脚再盘起,如此连续进行。

图 8-6-17

（六）挂葫芦里

挂葫芦里的动作方法是：
用右脚外侧三趾部位将下降的毽球踢起，小腿顺势做圆周摆动，使踝关节从里向外绕毽球转两周后，用脚内侧将毽球接住。

（七）挂葫芦绷

挂葫芦绷的动作方法是：
当踢起毽球，踝关节绕转毽球两周后，用脚尖将毽球绷起。

（八）挂葫芦外

挂葫芦外的动作方法是：
当踢起毽球，踝关节绕转毽球两周后，用脚外侧三趾部位将毽球接住。

四、绷踢演变的花样动作

(一)前双绷

前双绷的动作方法(见图 8-6-18)是：
两脚并立,当毽球下降离地面较近时,双脚发力起跳,用脚尖部位将毽球绷起。

图 8-6-18

(二)后双打

后双打的动作方法(见图 8-6-19)是：
(1)用各种踢法将毽球高送至头顶上偏后方；
(2)两脚并在一起发力起跳,两小腿后摆,用前脚掌部位将毽球踢起。

图 8-6-19

(三)剪子绷

剪子绷的动作方法(见图 8-6-20)是:
(1)当垂直的毽球下降时,一腿伸直,从下降的毽球由外向里一摆而过;
(2)同时底腿发力起跳,上摆小腿和另一腿呈交叉腿,用脚尖三趾部位将毽球踢起。

图 8-6-20

(四)里钓鱼

里钓鱼的动作方法是：

用绷踢将毽球踢起，同时小腿顺势发力，围上升的毽球从外向内绕转360°，再用绷踢将毽球踢起，连续数次。

(五)外钓鱼

外钓鱼的动作方法是：

用绷踢将毽球踢起，小腿顺势围绕上升的毽球从内向外绕转360°，再用绷踢将毽球踢起，连续数次。

(六)绷上顶

绷上顶的动作方法(见图8-6-21)是：
(1)将毽球垂直踢起，高过头部；
(2)利用前额、头顶部或头后部(后脑勺)三个部位接毽球。

图 8-6-21

(七)绷上前底

绷上前底的动作方法是：
(1)将毽球垂直抛起,高过头部;
(2)速抬大腿,抬蹬小腿,用同侧手握住脚后跟,底腿顺势略屈,将下降的毽球接在脚掌上。

(八)前绷后打

前绷后打的动作方法(见图 8-6-22)是：
(1)将毽球踢起,高过头部,使之落向体后;
(2)小腿发力上摆,用脚掌踢毽球,使毽球从体后经头上飞到体前。

图 8-6-22

五、里接演变的花样动作

（一）串腕

串腕的动作方法（见图 8-6-23）是：
（1）脚内侧停毽球，膝关节放松，小腿发力向内做弧形摆动；
（2）脚趾斜上指，当毽球下滑脱离脚内侧的一刹那，小腿发力，迅速从外向内用踝关节围毽球绕转 360°，再用脚内侧将毽球接住。

图 8-6-23

（二）里落外

里落外的动作方法（见图 8-6-24）是：
（1）脚内侧停毽球，小腿摆动，膝关节放松，将毽球抛起；
（2）小腿顺势从外向内用踝关节围毽球绕转 360°，再用脚外侧三趾部位将毽球接住。

图 8-6-24

(三)卧鱼

卧鱼的动作方法(见图 8-6-25)是:

(1)脚内侧接毽球,左腿原地不动,上身略向左转,眼睛从身体左侧看毽球;

(2)右腿髋关节、膝关节放松,小腿发力上摆,将脚内侧的毽球抛起,高约与膝关节平齐,同时踝关节放松,以脚尖领先,自上而下翻转呈脚外侧向上、脚尖向右,上迎下降的毽球;

(3)当毽球距脚外侧约 3 厘米时,膝关节向下伸展给予缓冲,将毽球接在脚外侧。

图 8-6-25

(四)透腿

透腿的动作方法(见图 8-6-26)是:

体前脚内侧停毽球,带着毽球绕过另一底腿的后面到体侧,小腿发力将毽球抛到体前,同时抛毽腿迅速抽回体前,用脚内侧将毽球接住。

图 8-6-26

(五)油勺

油勺的动作方法是:

毽球下降时,大腿带动小腿,小腿顺势从下降的毽球上面一摆而过,用脚内侧接毽球。

(六)推磨

推磨的动作方法是：
(1)右腿抛毽球,在体侧脚内侧停毽球,带毽球绕到左腿后侧,将毽球抛起到体前,高与髋关节平齐,同时左脚以前脚掌为轴外侧转；
(2)右腿迅速摆到体侧,用卧鱼动作,用脚内侧将毽球接住,继续抛毽球,用脚内侧接毽球。

(七)大卧鱼

大卧鱼的动作方法是：
体前左脚内侧停毽球,带毽球绕到右腿后侧,屈蹲底腿,伸直带毽球的左腿,两臂屈伸,保持平衡。

(八)跳节

跳节的动作方法是：
(1)左脚内侧停毽球,右腿发力起跳,同时左脚踝关节发力将毽球抛起；
(2)右腿迅速上摆,大腿带动小腿,围毽球绕转360°,用右脚内侧将毽球接住,两脚互换,动作相同。

(九)前铁门坎

前铁门坎的动作方法(见图 8-6-27)是:

左脚内侧停毽球,右腿发力起跳,同时屈腿向体前摆动,从左脚内侧上方跳过,毽球仍停在左脚内侧,可两脚互换跳。

图 8-6-27

(十)后铁门坎

后铁门坎的动作方法是:

(1)完成前铁门坎后,右腿发力起跳,同时屈腿向体后摆动,从左脚内侧上方跳过,毽球仍停留在左脚内侧;

(2)也可左脚内侧停毽球,带毽球绕到右腿后,再完成后铁门坎。

(十一) 里接上卧底

里接上卧底的动作方法是：
左脚内侧停毽球，小腿发力向上摆动，将毽球抛起后，迅速在体前盘屈，同时用左脚外侧顶住右腿膝关节内侧，用脚掌将毽球停住。

(十二) 抖子

抖子的动作方法是：
脚内侧停毽球，小腿发力，在体前自内向外做弧形摆动，使毽球被抛离距脚内侧约 10 厘米，同时小腿顺势围毽球绕转 360°，脚内侧停毽球。

(十三) 抱印

抱印的动作方法（见图 8-6-28）是：
右里接上卧底后略停，用右手抱住停毽球脚的外侧和跟部，小腿发力，向上慢慢伸起，抱脚的手顺势用力，用上举腿脚掌停毽球。

图 8-6-28

六、外落演变的花样动作

(一)外串腕

外串腕(亦称外落外)的动作方法是:

(1)脚外侧停毽球,大腿发力,膝关节顺势先向上摆动,将毽球抛起,高与膝关节平齐;

(2)小腿顺势自内向外围上升的毽球绕转360°,用脚外侧将毽球接住。

(二)外落里

外落里的动作方法是:

(1)脚外侧停毽球,大腿发力,膝关节顺势先向上摆动,将毽球抛起,高与膝关节平齐;

(2)小腿顺势自内向外围上升的毽球绕转360°,用脚内侧接住毽球。

(三)外串腕绷

外串腕绷的动作方法是:
(1)脚外侧停毽球,大腿发力,膝关节顺势先向上摆动,将毽球抛起,高与膝关节平齐;
(2)小腿顺势自内向外围上升的毽球绕转360°,用脚踝部将毽球踢起。

(四)外葫芦外

外葫芦外的动作方法是:
脚外侧停毽球,向外绕转两周(720°)后,脚外侧接毽球。

(五)外葫芦里

外葫芦里的动作方法是:
脚外侧停毽球,向外绕转两周(720°)后,脚内侧接毽球。

(六)外葫芦绷

外葫芦绷的动作方法是:
脚外侧停毽球,向外绕转两周(720°)后,脚尖绷起。

(七)拉燕

拉燕的动作方法(见图 8-6-29)是：
(1)用脚面将下降的毽球接住，大腿顺势向体后摆动；
(2)小腿顺势向上摇，踝关节放松，使毽球自体后经头上到体前。

图 8-6-29

(八)外落接落后底

外落接落后底的动作方法(见图 8-6-30)是：
(1)右脚外侧停毽球，抬大腿，脚形不变，将毽球抛起，高与髋关节平齐；
(2)左腿略屈，前脚掌向左旋转，同时右膝关节顶住左腿膝关节后略屈处，用脚掌将毽球停住。

141

图 8-6-30

(九)左右过腿落

左右过腿落的动作方法是：

(1)右脚外侧停毽球，抬大腿，脚形不变，将毽球抛向左前方，左腿抬起，向右摆动，从下降的毽球下方一摆而过；

(2)用左脚外侧接毽球，将毽球抛起，右脚向左摆动，摆过下降的毽球，用右脚外侧将毽球接住，可连续进行。

(十)二郎担山

二郎担山的动作方法是：

(1)右脚外侧停毽球，大腿发力，膝关节领先向上摆动，将脚外侧的毽球抛向右耳后，目随毽球；

(2)右腿迅速落地，身体略向左转，同时抬左腿，准备落毽球，

此时毽球从右肩经头后过左肩下落,目随毽球,用左脚外侧将毽球接住;

(3)同前法,左脚抛毽球,右脚接毽球。

(十一)梳妆

梳妆的动作方法(见图 8-6-31)是:

右脚外侧停毽球,双手扶头或单手扶头,膝关节领先上摆,将毽球抛起,使毽球从下面穿过右臂扶头形成的圆孔,再穿过左手扶头形成的圆孔而下,目随毽球。

图 8-6-31

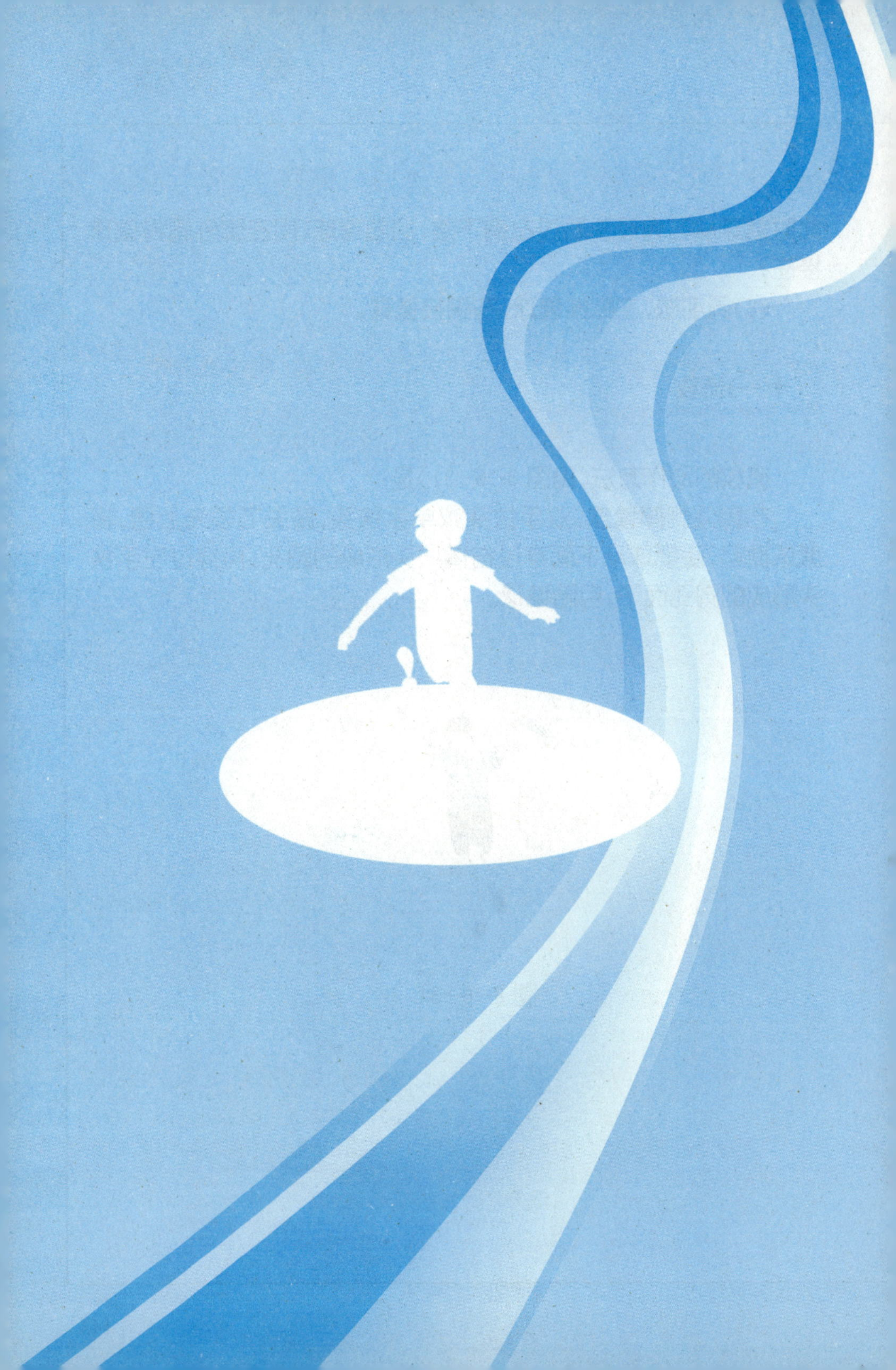

第九章 毽球基础战术

　　毽球运动是一项集体项目,因此在比赛中特别讲究战术配合,包括进攻战术和防守战术等。

第一节 进攻战术

进攻战术首先要考虑上场队员的阵容配备，合理地将全队的力量搭配好，有效地发挥每一名队员的特长和作用，包括"一二"阵容配备、"二一"阵容配备和"三三"阵容配备等。

一、"一二"阵容配备

"一二"阵容配备是 3 名上场队员中有 1 名是主攻手，2 名是二传手。

"一二"阵容配备中，主攻手一般不参与接发球，二传手交替接发球和做二传。这种战术的进攻特点是分工明确、稳而不乱。

二、"二一"阵容配备

"二一"阵容配备是 3 名上场队员中有 1 名是主攻手，1 名副攻手和 1 名二传手。

"二一"阵容配备中，主攻手也可以不参与接发球，副攻手、二传手可以互换。这种战术的特点是攻球变化多，又可以互相掩护，适用于打交叉、插上、掩护等进攻战术。

三、"三三"阵容配备

"三三"阵容配备是3名上场队员中全部都是攻球手和二传手。

"三三"阵容配备中,队员接球站位一般呈倒三角形,任何一名队员接到球后随时都可以组织另外2名队员同时参与进攻。这种阵容可以打出掩护、交叉战术,还可以打出快攻、背溜、双快—掩护等较复杂多变的战术进攻球。

第二节 防守战术

防守战术应根据对方进攻的不同特点决定本方的防守阵形,包括"弧形防"、"一拦二防"、"二拦一防"和"拦—堵—防"等。

一、"弧形防"

"弧形防"是3名队员在中场呈小弧形的站位防守,在对方的攻球威力不大时采用。这种区域联防的特点是防守视线清楚、分工明确,防守一般性攻球效果较好。

二、"一拦二防"

"一拦二防"是在3名场上队员中,1名队员网前拦网,另2名队员分别在其两侧分区防守。这种封线分防的特点是有两道防线,网上拦网封线路,网下中场防落点,拦防结合,利于反攻。

三、"二拦一防"

"二拦一防"是 3 名场上队员中，2 名队员网前拦网，1 名队员在其后方防守。这种封线补防的特点是网上拦网封线路，网下中场补空缺，具有明显网前拦网优势。

四、"拦—堵—防"

"拦—堵—防"是 3 名场上队员中，1 名队员在网前拦网，1 名队员在侧面网后堵击，1 名队员在中后场防守。这种封堵联防阵形构成三道防线，使拦、堵、防结合，既可以互相补缺，又可以灵活应变，是目前比较理想的防守阵形。

第十章 毽球比赛规则

程序是比赛顺利进行的前提条件，裁判是比赛公平、公正进行的必要保障。学习和掌握比赛程序和裁判的相关知识，有助于参赛选手把握比赛节奏，游刃有余地发挥自己的技术水平。

第一节 程序

毽球比赛需要按照一定的程序来进行，合理有序的程序是比赛顺利进行的保证。

一、参赛方法

（1）参赛队由6名队员组成，上场队员3名，其中队长1名；
（2）比赛前，各队应将参赛队员（包括替补队员）的姓名、号码登记在记分表上，未登记的队员不得参加比赛；
（3）可因时、因地、因人制宜，增加单人、双人毽球赛，规则与3人制大体相同，记分可采取直接得分法。

二、比赛方法

（1）比赛采用3局2胜制，第3局采取每球得分制；
（2）比赛前选择场区和发球权，第1局结束后双方交换场地和发球权；
（3）决胜局开始前，召集双方队长重新选择场区和发球权；
（4）决胜局比赛中，任何一队先得8分时两队应交换场区，交换时不得进行场外指导，交换场区后，双方队员的轮转位置不得变换，经记录员查对后，由原发球队员继续发球，如未及时交换场区，一旦裁判员或一方队长发现时，应立即交换，比分不变。

第二节 裁判

对比赛而言,合理的裁判工作是比赛顺利进行的保证,而对参赛选手来说,了解和掌握裁判规则,则是充分发挥技战术水平的前提条件。

一、裁判员

毽球正式比赛设有正裁判1人,副裁判1人,司线员2人,记录员、记分员各1人。

二、发球

(1)发球队员须站在本方发球区内,用手持球,将球抛起,用脚踢向对方场区,比赛开始;

(2)发球队员必须在发球区内发球,在球发出后才能进入场区,发球时2、3号队员不得有任何掩护动作,否则,判由对方发球。

三、发球错误

发生下列情况之一时,即判为发球失误:
(1)队员发球时,踏及端线或发球区线及其延长线;
(2)球未过网、触网或触及标志杆;
(3)球从网下穿过;
(4)球从标志杆及其延长高度以外过网;

(5)球触及任何障碍物,或在进入对方场区前触及本队队员;
(6)球落在界外;
(7)发球延误时间超过 5 秒钟;
(8)裁判员鸣哨后球坠落在地上。

四、重发球

发生下列情况之一时,须重发球:
(1)在比赛进行中,球挂在网上(最后一次击球挂网除外);
(2)在比赛进行中,毽毛和毽垫在飞行时脱离;
(3)在裁判员鸣哨之前发球;
(4)在比赛进行中,其他人或物品进入场区。

五、发球次序错误

(1)当球发出后,裁判员发现该队发球次序错误,则判该队失去发球权,并恢复正确次序;
(2)如犯规队已得分,应取消该队因该次发球次序错误所得的分数。

六、轮转顺序

(1)某队取得发球权时,应先按顺时针方向轮转,然后由轮转到 1 号位的队员发球;
(2)新的一局开始前,可以变换本队队员的轮转顺序,并填好位置表交给记录员。